KB220373

경이로운 부재

삶의한가운데에서해탈하기

경이로운
부 不 在 재

———

제프 포스터
심성일 옮김

침묵의 향기

***일러두기** 본문의 각주는 모두 번역자의 주석이다.

단 한 번이라도 그대 자신을 없앨 수 있다면,
비밀 중의 비밀이 그대에게 열리리라.
삼라만상 너머에 숨겨진, 알 수 없는 분의 얼굴이
그대 지각의 거울 위에 드러나리라.

_루미

사랑은 "나는 모든 것이다."라고 말합니다.
지혜는 "나는 아무것도 아니다."라고 말합니다.
그 둘 사이로 내 삶이 흐릅니다.

_니사르가다타 마하라지

이 책의 중심에는 단순하고 직접적이며 영원한 비이원성(非二元
性)¹의 메시지가 있다. 비이원성이라는 단어는 흔히 먼 옛날부터
이어져 온 인도의 아드바이타(Advaita) 영적 전통을 가리키는 데
사용된다. 이 단어는 단순히 '둘 아님'을 뜻하며, 삶이 본질적으
로 '하나임(Oneness)'을 나타낸다. 단 하나의 실재만 존재한다. 우
리 모두를 포함한 하나임만 있는 것이다.

이 책에는 말로 표현하기는 어려운, 어떤 깊이 보살피는 마음이
배어 있는 것 같다. 글에서는 설득력이 있고 존중하게 하는 평온
한 분위기의 권위가 느껴진다. 그렇지만 여러분은 이 글을 읽든
책을 덮든 자유롭게 할 수 있으며, 제프 포스터(Jeff Foster)는 이 자
유를 완전히 긍정한다. 만약 당신이 비이원성이라는 주제에 대해

---

1 Non-duality. 산스크리트어 아드바이타(Advaita)의 번역어이며, 아드바이타는
 '둘 아님'을 뜻한다. 선(禪)에서는 불이(不二)라는 용어를 사용하는데, 같은 말
 이다.

이야기하고 있다면, 당신은 말할 수 없는 것에 대해 이야기하고 있는 것이라고, 그는 말한다. 그것은 말로 표현할 수 없는 진리이며, 불가사의한 신비 속으로 뛰어드는 것이다.

이것은 분명 열린 마음으로 탐구해야 할 해방의 메시지다. 우리는 진리를 발견하기 위해 다른 곳으로 갈 필요가 없다. 왜냐하면 그것은 우리가 지금 직접 겪는 경험 가운데 언제나 현존하기 때문이다. 진리는 늘 순간순간 일어나는 모든 것의 형태로 드러난다. 그것은 바로 이것이며…… 또 이것이다. 다른 무엇이 아니다. 문제는 우리가 항상 우리 앞에 있는 것을, 이것으로는 결코 충분하지 않다고 느끼므로, 떠나간다는 것이다. 우리는 영적인 자유를 얻기 위해 끝없이 고단한 추구를 할 필요도 없다. 왜냐하면 그것은 본래 한없이 넓은 우리의 참된 존재 안에 이미 온전히 현존하기 때문이다. 하지만 이 타고난 자유를 우리 자신의 것으로 만들어 누리기 위해서는 그 자유를 분명히 알아보고 귀중하게 여겨야 한다.

이 책의 보기 드물게 뛰어난 점은 우리가 진실을 직접 경험하도록 한 걸음 한 걸음 세심하게 인도하는 제프의 명쾌한 지도 방식이다. 우리는 지금 있는 곳에서 시작해야 한다. 그리고 그는 우리가 경험하는 모든 것을 마치 처음 보듯이 새로운 눈으로 만나보라고 다정하게 요청한다. 온갖 독특하고 창의적인 방식으로, 그는 우리에게 삶을 선입견 없이 정면으로 만나 본 뒤, 우리가 발견하는 것을 얘기해 보라고 거듭 요청한다.

그런 부드럽고 정중한 말만으로도 우리가 진실을 분명하게 보는 데 충분한 도움이 된다면 얼마나 좋겠는가! 만약 당신이 제프 포스터를 만난다면, 당신은 신선한 느낌을 주는 자연스러운 사람을 마주하게 될 것이다. 그는 호감을 주는 분위기로 무장을 해제시키지만, 동시에 위선과 회피를 용납하지 않는 대단히 예리한 솔직함이 있다. 우리가 깨달음의 본질이 무엇인지, 전통적인 영적 수행법은 어떤 장단점들이 있는지, 그리고 가장 순수한 비이원적 가르침의 방편을 구성하는 요소들은 무엇인지 등에 대해 끝없이 논쟁하며 시간을 낭비하기에는 인생이 너무나 짧고 소중하다. 그는 자신의 심오한 경험을 통해서 잘 알고 있다. 우리의 의심이 완전히 해소될 때까지는, 무슨 일이 있어도 '아직도 가야 할 길'을 계속 걸어서, 끝까지 가고야 말겠다는 용감한 결단이 때로는 그 무엇보다 필요하다는 것을……

우리 자신의 힘만으로는 끝까지 갈 수 없겠지만, 걱정할 필요는 없다. 우리가 본래 속해 있는 우주는 우리에게 필요한 힘을 언제나 제공할 것이기 때문이다. 결국엔 모두에게 사랑이 찾아올 것이다. 이름이 없는 그 사랑은 한 번도 떠난 적이 없다는 것을, 우리는 마침내 깨닫게 될 것이다.

깔끔한 공식이나 그럴듯한 해답은 없다. 삶이 '하나임'을 전하는 이 아름답고 직접적인 가르침은 믿을 수 없을 만큼 단순하면서도 직설적이지만, 사람들이 오해할 가능성도 열려 있다. 책에서 분명히 밝히고 있지만, 부주의한 사람들이 빠질 수 있는 함정들이 아주 많다. 때로는 믿을 만한 안내자가 필요한데, 제프 포스터라면 당신을 실망시키지 않을 것이다. 그렇지만 그는 자신은 스승이 아니며, 책과 모임을 통해 친구들과 나누고 있을 뿐이라고 강조한다.

나는 세상이 나를 어떻게 보는지에 관심이 없습니다. 나는 이 메시지를 나눌 수 없을 때까지 나눌 것입니다. 그것을 나누는 순전한 기쁨을 위해서. 사람들은 귀 기울여 듣거나 외면할 것입니다. 어느 쪽이든 좋습니다.

지금 나는 차 한 잔을 홀짝거리면서 브라이튼 부두의 갈매기를 지켜봅니다. 털끝만큼도 문제가 없습니다. 내가 스승이나 구루라는 생각은 실소를 자아내게 합니다. 나는 아무것도 아닙니다. 차와 갈매기가 모든 것입니다. 내가 아무것도 아닐 때 세상은 모든 것이며, 그 모든 것은 여기에서 끝나고, 절대적인 단순함만 남으며, 오로지 그 모든 것에 대한 사랑만 있습니다.

여기 이 젊은 저자는 나이에 비해 훨씬 지혜롭고 원숙하며, 너무 자주 간과되는 귀중한 비밀을 독자들과 나누고 있다. 이 시적인 메시지의 중심에는 해탈이 결코 멀리 떨어져 있지 않으며, 이른바 평범한 일상이라 불리는 삶 가운데 언제나 현존해 있다는 통찰이 있다. 자유는 어디에나 있고 모든 것 안에 있으며, 거기에는 성스러운 것과 세속적인 것이라는 구별이 전혀 없다. 자유는 특별한 것이 아니긴 하지만…… 어째서인지 기쁨과 경탄 속에도, 이루 말할 수 없는 슬픔과 쓰라린 고통 속에도 똑같이 존재한다. 이는 이해의 영역을 넘어선 것이다. 그것은 우리를 겸손하게 하며, 설령 우리가 무언가를 깨닫는다고 하더라도 그것을 나타낼 적당한 말은 찾을 수 없다.

이 책은 가볍게 읽고서 옆으로 치워 버릴 책이 아니다. 곁에 두고서 틈틈이 읽어 보아야 할 사려 깊고 애정 어린 책이다. 특히 앞부분에서 암시하는 것들이 무엇인지 이해되지 않는 독자들이라면 더욱 자주 읽어 볼 필요가 있다. 글은 사색적이고 재미있고 도전적이며, 특유의 음률이 자아내는 부드러운 하모니는 연이어 마법을 부리며 마음 깊이 스며든다. 이것이야말로 진정한 변형의 연금술이다.

알다시피, 중요한 것은 말들이 아니라 그런 말들이 일으키는 '공명(共鳴)'이다. 분명한 확신에서 나오는 그런 말들은 우리 내면 깊은 곳에서 아주 특별한 어떤 무엇을 이끌어 낼 힘을 가지고 있다. 그것은 향수를 불러일으키는 어떤 감미로운 향기 같은 것이며, 우리가 이미 알고는 있지만 뭐라 말할 수는 없는 익숙한 무엇에 대한 인식이다. 그것은 진실과 사랑, 아름다움이다. 이런 단어들은 본질이자 바탕인 실재의 다양한 측면을 가리키는 용어일 뿐이다. 실재는 이름 붙일 수 없으며 오직 가리켜 보일 수밖에 없다.

영적인 추구의 끝은 '경이로운 부재(不在)'를 분명하게 인식하는 것이다. 그것은 분리의 완전한 부재이며, 우리가 아는 모든 것 너머의 사랑과 친밀함 속에 온 세계가 현존한다는 경이로운 발견이다.

필립 페글러

미드허스트, 영국

차례

새로운 시작

이 책은 침묵이 침묵에게 보내는 연애편지입니다.

말은 침묵에서 나와 침묵으로 돌아갑니다.

· · ·

말은 존재(Being)라는 드넓은 바다의 표면 위에 일어나는 잔물결일 뿐입니다.

말은 춤추고 뛰놀며 노래한 뒤, 한없이 넓은 '살아 있음' 속으로 다시 가라앉습니다.

· · ·

말을 읽고 나면 말을 뒤로하십시오.

말을 다 읽은 뒤에는 이 책을 던져 버리십시오.

불살라 버리십시오.

• • •

말이 할 수 있는 것은 가리키는 게 전부입니다. 말은 지시봉입니다. 이정표입니다.

말은 '삶(Life)'에 닿을 수 없고, 삶을 담아 낼 수 없습니다. 하지만 어쩌면, 아마 어쩌면, 삶을 가리킬 수는 있을 것입니다.

어쩌면, 아마 어쩌면, 말은 삶의 맛 가운데 어떤 것, 삶의 향기 가운데 어떤 것에 대해 얘기할 수는 있을 것입니다.

• • •

이 책에 있는 말들은 아주 단순한 것을 가리키고 있습니다.

16

지금 펼쳐지는 '삶'을.

지금 드러나는 모든 것의 단순하고도 명백한 모습을.

지금 보이는 모습들, 들리는 소리들, 코에 와 닿는 냄새들을.

모든 것의 배후에 있고, 모든 것에 생기를 불어넣고,

모든 것을 초월하며, 모든 것 자체인 살아 있음을.

그리고 그 너머의,

분리되어 있고 고정된 개인의 부재(不在)를.

모든 것을 담고 있고 어느 것과도 분리되어 있지 않은

드넓은 열려 있음을.

마침내 완벽한 현존(現存)으로 정체를 드러내는,

삶의 한가운데에 있는 경이로운 부재(不在)를.

· · ·

우주만물의 한가운데에서 역설처럼 보이는 것:

부재(不在)가 현존(現存)이다.

비어 있음이 형상이다.[2]

알아차림은 그것의 내용물과 따로 있지 않다.[3]

• • •

부재와 현존이 만나 합쳐질 때,

비어 있음이 형상이 되고 형상이 비어 있음이 되어 사라질 때,

보는 자가 보이는 대상 속으로 사라질 때,

주체와 객체가 서로 열렬히 사랑하는 연인이 되어

흔적도 없이 사라질 때,

무엇이 남아 있습니까?

세상의 모든 관념이 단지 관념에 불과한 것으로 보일 때,

생각이 자기의 자연스러운 리듬으로 돌아갈 때,

'원숭이 같은 마음'이 마침내 무익한 추구를 멈출 때,

---

2 《반야심경》의 공즉시색(空卽是色), 즉 "공(空)이 곧 색(色)이다."를 풀이한 말.

3 알아차림(Awareness)이란 언제나 변함없이, 심지어 꿈도 없는 깊은 잠을 잘 때도, 저절로 아는 것이다. 의도적인 알아차림이 아니다. 모든 것을 저절로 비추는 거울에 비유할 수 있다. 이것은 모든 지각의 근원이자 이전이므로 우리가 알 수 없는 것이다. 우리 본성의 특징을 나타내는 이름이며, 순수의식, 아는 마음, 앎의 성품, 공적영지(空寂靈知) 등으로도 불린다. "알아차림이 그것의 내용물과 따로 있지 않다."는 것은 보는 자와 보이는 대상이 따로 있지 않다는 말이다.

18

무엇이 거기 있습니까?

깨어남의 너머에, 깨달음의 너머에, 실재와 비실재의 너머에,
존재와 비존재의 너머에, 있는 것과 없는 것의 너머에,
자아와 무아의 너머에, 이원성과 비이원성의 너머에,
삶과 죽음의 너머에,
모든 너머들의 너머에,
무엇이 환히 빛나고 있습니까?

· · ·

자기가 자기를 알 수 있도록, 자기가 자기를 만지고 맛보고 느
끼고 볼 수 있도록, 아득히 먼 옛날에, 그대에게 생명을 주고, 자
기에게서 그대를 창조한 것은 무엇입니까?

엄마가 갓난아기를 품에 안듯이 그대를 항상 안고 있고, 그대를
사랑하고, 그대를 품고 있는 것은 무엇입니까?

자기에게 돌아오라고 맨 처음부터 항상 그대를 부르고 있는 것
은 무엇입니까?

이것.

오직 이것.

언제나 이것.

영원히 이것.

영적인 깨어남, 비이원성, 아드바이타, 하나임, 그리고 깨달음에 대해 그대가 지금까지 읽은 모든 것, 배운 모든 것, 아는 모든 것을 잊어버리고, 부디 새로운 가능성을 한번 고려해 보시기 바랍니다. 평범해 보이는 이 삶의 한가운데에서, 바로 여기에서 해탈할 수 있는 가능성을. 지금 있는 그 자리에서 절대 자유를 발견할 수 있는 가능성을.

자 이제, 다시 시작합시다.

1
파도와 바다

그것은 다시 바다로 돌아가기를 갈망하는 파도와 같습
니다. 하지만 물론 그 파도가 보지 못하는 사실은, 바다
와 분리되어 있는 파도란 있을 수 없다는 것입니다. 그
파도는 언제나 하나의 완벽한 모습으로 드러난 바다였
습니다.

그리고, 아무 이유 없이,
나는 아이처럼 줄넘기를 하네.
그리고, 아무 이유 없이, 나는 나뭇잎이 되어
높이높이 솟아올라
태양의 입술에 입 맞추고는
녹아 없어지네.

_하피즈

생각 너머로

나는 스승이 아닙니다. 당신이 갖고 있지 않은 것은 나 역시 갖고 있지 않습니다. 나는 조금도 특별하지 않습니다. 정말 그렇습니다.

만약 이것에 어떤 이름을 붙여야만 한다면, '나눔'이라 부를 수 있습니다. 이미 알고 있는 어떤 것, 이미 친숙하게 알고 있는 어떤 것을 친구로서 마음을 열고 함께 나누는 것. 사실은 이것에 대해 단 한 마디도 말할 필요가 없습니다.

당신은 이미 '이것'을 알고 있습니다. 나는 단지 상기시켜 드릴 뿐입니다.

맑은 본성에서 나오는 말을 듣거나 읽는 동안 알아차림이나 공명이 일어날 때가 있다고 얘기하는 사람들이 있습니다. 이런 공명은 전적으로 '생각하는 마음'의 너머에서, 지성의 너머에서, 우리의 이해 너머에서 일어납니다. 그리고 이런 공명을 통해 우리는 이 책에서 얘기되는 것의 핵심에 곧장 들어갈 수 있습니다.

그러한 공명 속에는 언제든 다른 무엇이 드러날 가능성이 있습니다. 이해를 넘어선 깨침, 생각을 넘어선 알아차림, 너무 비범하여(그리고 너무 평범하여) 마음이 파악할 수 없는 무엇 속으로 열리는 것. 이 모든 말이 정말로 가리키고자 하는 것은 바로 이런 것입니다.

• • •

비이원성에 대해 이야기하다 보면 비유와 역설을 자주 사용하게 됩니다. 왜냐하면 언어는 성질상 부분으로 쪼개고 나누게 되는데 이 언어를 이용하여, 살아 있으면서 나뉘지 않은 전체인 어떤 것을 가리켜야 하기 때문입니다. 그것은 마치 물고기 잡는 그물을 가지고 물을 잡으려 하는 것과 같습니다. 불가능합니다.

이 책은 그러한 역설과 모순들로 가득 차 있습니다. 그래서 이 모든 말을 지적으로 이해하려 애쓰는 마음은 몹시 혼란스러워질 것입니다. 마음은 지독히도 이해하기를 원합니다. 이해할 수 있다면 소유할 수 있고, 소유할 수 있다면 통제할 수 있기 때문입니다. 마음은 주인으로 있기를 원합니다. 마음은 과거 수백만 년 동안 주인 노릇을 해 왔습니다. 그러니 쉽게 포기하지는 않을 것입니다!

이 책의 글을 이해하려 하지 마시고, 다만 깨침이 일어날 수 있는 가능성에 스스로를 열어 두기만 하십시오. 말들이 스쳐 가도록 놓아두십시오. 일광욕을 하듯이 말 앞에 가만히 있어 보십시오. 만약 이 책의 어떤 말들이 도전적으로 느껴진다면, 그 말들이 도전적이기 때문입니다. 그 말들은 당신이 영성과 삶, 세계와 자기 자신에 대해 갖고 있는 모든 관념에 도전할 것입니다. 어떤 말들은 당신의 자아감과 정체성, 그리고 당신이 진실이라 믿는 개념들에 상당히 위협적으로 느껴질 수도 있습니다.

이 다른 가능성에 스스로를 열어 두십시오. 그리고 이 책을 쓴 존재는 이 책을 읽고 있는 존재라는 것을 알기 바랍니다. 만약 이 책의 어떤 말이 가혹하거나 무자비하거나 무정하게 들린다면, 그 것은 내 의도가 아닙니다. 내 의도는 충격을 주거나 기분 나쁘게

하려는 것이 아니라, 절대적이고 무조건적인 사랑의 가능성을 나누려는 것이기 때문입니다.

당신의 꿈에서 이 책은 난데없이 나타났습니다. 당신이 이미 알고 있는 것을 상기시켜 주기 위해서.

. . .

이 메시지를 나누려 하고 있는 것은 이 책의 말들만이 아닙니다. 표현될 수 없는 것을 표현하려 하고 있는 것은 이런 말들만이 아닙니다. 모든 것이 그렇게 하고 있습니다. 말 그대로 당신 주위의 모든 것이 이미 완벽하게 해탈을 표현하고 있습니다. 그것은 냄새들 속에도, 소리들 속에도, 지나가는 자동차들 속에도, 일어나는 움직임 속에도 있습니다. 모든 것이 '이것'을 표현하고 있으며, 모든 것이 '이것'의 표현입니다. '이것'은 어디에나 있지만, 우리가 보지 못할 뿐입니다. 우주적인 농담이 아닐 수 없습니다.

그러니 이 책의 말에 너무 집착하지는 마십시오. 그런 말들은 삶의 춤 가운데 작은 부분일 뿐입니다. '존재(Being)'의 표면 위에 일어나는 잔물결일 뿐입니다.

만약 당신이 열린 마음과 열린 가슴, 열린 자세로 읽고 있다면, 만약 자신이 안다고 믿는 모든 것을 기꺼이 옆으로 제쳐 놓을 수 있다면, 만약 다른 가능성에, 우리가 진실이라 믿도록 길들여진 것들이 사실은 전혀 진실이 아닐 수 있다는 가능성에 스스로를 열 수 있다면, 어쩌면 우리가 여기서 나누고 있는 어떤 것과 공명하게 될 것입니다. 어쩌면 어떤 것이 인식될 것이고, 어쩌면 어떤 것이 보일 것이고, 어쩌면 어떤 것이 떨어져 나갈 것입니다.

만약 닫힌 마음과 닫힌 가슴으로 이 책을 읽고 있다면, 당연히 좌절감과 실망감만 느낄 수도 있습니다. 말에 너무 집착한 나머지, 말이 가리키고 있는 것을 놓칠 수도 있습니다. 그렇다면 책을 옆으로 치워 두었다가, 나중에 마음이 열릴 때 다시 보기를 권합니다.

· · ·

이 책은 자기계발서가 아닙니다. 이 책의 목적은 임시 미봉책을 주려는 것이 아닙니다. 당신의 모든 고민을 해결해 주려는 것도 아닙니다. 이 책은 상상에 불과한 당신의 자아를 더 만족스러운 것으로 변화시키기 위해 쓰인 것이 아닙니다.

이 책은 '봄(seeing)'에 관해 말하고 있습니다. '봄'이라는 단어는 이 책에서 얘기되는 모든 것을 담는 말 같습니다. 당신의 문제들은 애초부터 당신의 것이 아니었음을 봄. 고쳐야 할 것은 당신의 삶이 아니었음을 봄. 당신이 단 한 순간도 '삶(Life)'에서 분리되어 있지 않았음을 봄.

오직 '이것'—지금 여기—만 있으며, 그것은 이미 완전하며, 조금도 개선될 필요가 없음을 봄. 당신이 늘 갈망했던 것이 이미 눈앞에 분명히 드러나 있으며, 당신이 기대했던 바와는 다르다는 것을 봄.

이것은 정말 좋은 소식입니다. 예수가 말했듯이, 자기의 목숨을 구하려면 목숨을 잃어야만 합니다. 죽기 전에 죽으면 죽음이 없다고, 예언자 마호메트는 말했습니다. 구하는 자가 더 이상 없으면, 오로지 사랑만 있습니다.

만약 귀를 열고 들을 준비가 되었다면, 만약 마음을 열고 기꺼이 놓아 버릴 수 있다면, 이 '조용한 영성의 혁명'에 오신 것을 환영합니다.

집을 찾아서

문제의 핵심으로 바로 들어가 봅시다.

'이것'은 결코 충분해 보이지 않습니다.

바로 지금, 지금 이 순간 일어나고 있는 것, '이것'은 결코 충분해 보이지 않습니다. 그래서 우리는 저마다 무수히 많은 방식으로 찾고 추구하고 갈망하면서 삶을 허비해 버립니다.

그 이상의 무언가를 갈망하면서.
다른 무언가를.
지금 일어나는 일 이외의 무언가를.
우리를 만족시켜 주고, 완전하게 해 주고, 구원해 줄 미래의 무언가를.

해답들을 갈망하면서. 문제들을 만들어 스스로를 괴롭히면서.

우리는 여기에서 푹 쉬지 못하는 것 같습니다. 지금 일어나는 일들 가운데 편안히 이완된 채로 있지 못하는 것 같습니다. 상황이 더 나아질 것처럼 여겨지는 미래의 순간으로 끊임없이 끌려가는 것 같습니다. 우리의 관심은 미래에, 그리고 그 반영인 과거에 너무나 고정되어 있습니다. 그래서 지금 일어나는 일은 어떤 목적을 달성하기 위한 수단으로, 수없이 이어지는 순간들 중 단지 하나의 순간에 불과한 것으로 격하됩니다. 우리는 미래의 순간들이 이 하나의 순간보다 낫기를 희망합니다. 우리는 결코 '이것'에 만족하지 못하는 것 같습니다.

이는 찾는 것입니다. 이는 추구하는 것입니다. 우리는 모두 추구하는 자들입니다. 우리는 모두 무언가를 갈망하고 있습니다.

그리고 추구는 수없이 다양한 방식으로 나타납니다. 이른바 물질세계에서는 돈, 행복, 지위, 더 낫고 더 만족스러운 인간관계, 더 강한 자아감을 추구합니다. 더 많은 것들, 더 많은 안전 보장을 추구합니다. 물질세계에서는 자신이 어떤 사람인지를 알고, 운명을 완수하고, 순조로운 삶을 살고, 목표와 야망을 이루고, 성공을

30

하는 것이 중요합니다. 그것은 세상에서 중요한 사람이 되기 위한 추구입니다. 죽기 전에 당신의 삶을 의미 있는 것으로 만드는 것.

하지만 이른바 물질세계에서 만족을 얻는 것은 드문 일입니다. 그럴 때 우리는 영적인 가르침에 관심을 돌릴 수 있습니다. 그러면 이제 수십억 원의 은행 잔고나 더 빠른 자동차, 더 만족스러운 결혼생활은 더 이상 우리의 목표가 아닙니다. 이제는 깨어남이 목표입니다. 이제는 깨달음이 목표입니다. 이제 우리는 새 자동차 대신 신비한 의식 상태를 원합니다. 새로운 인간관계 대신 영원한 지복(至福, 더없는 행복)을 원합니다. 세속적인 성공 대신 깨달음을 원하고, 에고라는 것을 잃어버리기를 원하며, 마음이라는 것을 초월하기를 원합니다.

그런데 물질적인 추구든 영적인 추구든, 그것은 모두 추구입니다. 물질적인 부유함을 추구하든 영적인 깨달음을 추구하든, 그것은 똑같은 추구이며, 똑같은 생각의 움직임입니다. 그것은 존재하지 않는 미래로 들어가는 움직임입니다.

그것은 '나' 라는 개인을 위해 미래의 무엇을 찾는 행위입니다.

그렇습니다. 이 모든 추구의 뿌리에는 '나' 라는 개인이 있습니다.

'나' 라는 개인을 위해 수십억 원의 은행 잔고가 있기를 바라고, '나' 라는 개인을 위해 영적인 깨달음을 원합니다. 나, 나, 나!

평생에 걸친 추구의 뿌리에는 여기에 한 개인이 있다는, 분리되어 있는 나, 분리되어 있는 자아, 분리되어 있는 사람이 있다는 느낌이 있습니다.

그것은 삶 자체와 분리되어 있는, '이것' 과 분리되어 있는 하나의 독립체라는 느낌입니다. 다른 사람들과 분리되어 있고, 세상과 분리되어 있고, '근원(Source)' 과 분리되어 있는.

평생에 걸친 모든 추구의 뿌리에는 전체가 아니라는 느낌이 있습니다. 불완전하다는, 파편처럼 따로 떨어져 있다는, 길을 잃었다는, 소외되어 있다는, 고향을 그리워하는 느낌이.

분리되어 있는 개인에게는 그러한 결핍감이 삶의 모든 부분에 스며들어 있는 것 같습니다. "충분하지 않아, 충분하지 않아." 이것이 분리된 자아의 만트라(주문)입니다. 이 결핍감은 단지 지적인 것만이 아닙니다. 믿음만이 아닙니다. 그것은 집에 있지 않다는 가슴속 깊은 느낌이며, 이 느낌은 모든 경험에 영향을 미칩니다.

한때 우리는 집에 있었지만, 지금은 그렇지 않습니다. 우리는 분리된 개인들로 살아가며, 뭐라 이름 붙일 수 없는 어떤 친밀함에 대한 기억이 희미하게 한 번씩 떠오를 뿐입니다.

그것은 마치 당신이 어린아이였을 때 어머니가 당신을 방에 홀로 두고 떠난 것과 같습니다. 어머니가 어디로 갔는지 알지 못했던 당신은 불현듯 어떤 갈망과 그리움에 사로잡혔는데, 설명할 수는 없었지만 그것은 당신 존재의 핵심과 직결되는 것 같았습니다.

이러한 갈망은 분리된 개인이라는 것이 의미하는 바의 핵심과 직결됩니다.

하지만 우리가 정말로 원하는 것은 어머니가 아닙니다. 어머니는 훨씬 거대한 어떤 것의 상징일 뿐입니다. 우리는 모두 집으로 돌아가기를, '근원'으로 돌아가기를, 바다로 돌아가기를 갈망합니다. 이 모든 일이 일어나기 이전의 참된 자기 자신으로 돌아가기를.

・・・

그래서 분리를 경험하는 순간, 갈망도 생기게 됩니다. 그것은 분리를 끝내고자 하는 갈망입니다. 분열을 치유하고자 하는, 축소된 느낌을 끝내고 다시 한없는 드넓음으로 회복되고자 하는 갈망.

그것은 다시 바다로 돌아가기를 갈망하는 파도와 같습니다. 하지만 물론 그 파도가 보지 못하는 사실은, 바다와 분리되어 있는 파도란 있을 수 없다는 것입니다. 그 파도는 언제나 하나의 완벽한 모습으로 드러난 바다였습니다. 그 파도는 언제나 백퍼센트 물이었습니다. 그것은 언제나 흠뻑 젖어 있었습니다. '존재' 속에 완전히 잠겨 있었습니다.

당신은 단 한 번도 바다에서 분리된 적이 없습니다. 당신은 단 한 번도 전체에서 분리된 적이 없습니다. 단지 분리되어 있다는 꿈을 꾸었을 따름입니다. 그래서 평생 무언가를 찾아 헤맸는데, 사실은 언제나 집을 찾아 헤맨 것이었습니다.

하지만 당신은 그렇다는 것을 알아차리지 못했습니다. 집으로 돌아가고자 하는 갈망은 언제나 새 자동차, 더 많은 돈, 저 남자나 여자에 대한 욕망으로 나타났습니다. 그 갈망은 세속적인 것들을 원하는 것으로 나타났지만, 내면 깊은 곳에서 항상 갈망했던 것은 당신의 세계를 상실하고 '삶' 그 자체 속으로 뛰어드는 것이었습니다.

해탈의 가능성

집으로 돌아가고자 하는 노력은 헛수고일 수 있습니다. 왜냐하면 당신은 애초에 집을 떠난 적이 없기 때문입니다. 당신은 줄곧 집에 있었습니다.

이 이상의 어떤 것, '저 바깥의' 어떤 것, '나'를 위한 미래의 어떤 것을 얻으려 애쓰는 이 끊임없고 고단한 추구, 평생에 걸친 추구는 결국 사라질 수 있습니다. 앞으로 우리는 그럴 수 있는 가능성에 대해 얘기를 나눌 것입니다.

추구는 완전히 사라질 수 있습니다.

더불어, 분리된 개인이라는 느낌도 역시 사라질 수 있습니다. 추구하는 행위가 사라지면, 분리된 추구자라는 느낌도 사라집니다.

그리고 추구가 끝날 때 드러날 수 있는 것…… 그것은 말로 표현할 수 있는 것이 아닙니다.

그 사라짐 속에서 드러날 수 있는 것은…… 해탈입니다.

해탈, 삶의 한가운데에서.
해탈, 바로 지금 여기에서.

영적인 가르침들, 믿음들, 수행법들, 교리들에 사로잡혀 있는 마음은 그 사라짐 속에서 드러나는 것이 얼마나 단순한지를 보고 충격을 받을 것입니다. 그것은 그야말로 충격적입니다. 사실 전혀 뜻밖입니다.

그것은 당신이 예상했던 것과 전혀 다릅니다.

맙소사, 우리는 해탈이 무엇인지에 대해 너무 많은 선입관을 가지고 있습니다. 하지만 바로 지금, 그것들은 과거에서 넘어온 생각들, 관념들, 기억들이 아니고 무엇이겠습니까? 해탈에 관한 우리의 선입관들은 언제나 남에게서 전해 들은 간접적인 것입니다.

그러나 '이것'의 아름다움은, 그 어떤 견해나 관념으로도 '이것'을 담을 수가 없다는 것입니다. 그러기에는 '이것'이 너무나 생생히 살아 있고 너무나 현존하기 때문입니다.

이것은 분리되어 있는 개인의 죽음이며, 추구하는 자의 죽음이자, 훨씬 더 신비로운 어떤 것 속으로 뛰어드는 일입니다.

숨바꼭질

여기에서 일어나고 있는 일처럼 보이는 것은, 어떤 사람(나)이 비이원성이라는 것에 관한 책을 썼고, 그 책을 다른 사람(당신)이 지금 읽고 있다는 것입니다. 이것은 꿈입니다.

실제로 여기에서 일어나고 있는 일은, 여기뿐만 아니라 어디에서나 마찬가지지만, 놀랍도록 비범합니다. '하나임'이 자기 자신을 만나고 있습니다. 수없이 다양한 모습으로 나타나는 자기 자신을 보며 기뻐하고 있습니다. 그것이 실제로 여기에서 일어나는 일입니다.

바로 지금, '하나임'이 '이것'으로 나타납니다. 책을 들고 의자에 앉아 있는 몸으로 나타납니다. 바닥으로, 벽으로, 심장 박동으로, 들어오고 나가는 숨으로, 색깔로, 냄새로, 소리로, 지금 일어나는 모든 것으로 나타납니다.

'하나임' 은 지금 일어나는 모든 것으로, 어떤 예외도 없는 모든 것으로 나타납니다. 당연히 그렇습니다. '하나임' 이 모든 것이기 때문입니다.

이 경이로운 '살아 있음' 은 우리 눈앞에 있으며, 언제나 그랬습니다. 그런데 어째서 우리는 그것을 보지 못하는 것일까요? 그것은 알아차리기만 하면 아주 명백한 것이지만, 그러기 전에는 숨겨진 것처럼 보입니다. 숨바꼭질 놀이가 계속되고 있는 것 같습니다.

그렇습니다. 어느 시각에서 볼 때는 믿을 수 없을 만큼 잘 숨겨진 것처럼 보입니다. 너무 잘 숨겨져 있었기 때문에, 사실은 그것이 평생 모든 것으로, 말 그대로 모든 것으로 드러나 있었지만, 우리는 아직도 그것을 보지 못합니다.

그런데 물론, 실제로는 아무것도 숨겨진 것이 없습니다. 그것은 모든 것, 말 그대로 모든 것이기 때문입니다.

만약 당신이 보이지 않게 숨으면서도 반드시 발견되기를 바란다면, 자신을 있는 모든 것으로 위장하는 것보다 더 좋은 방법은 없을 것입니다.

만약 어떤 것을 완전히 분명하게 알아볼 수 있게 하려면, 그것이 모든 것이도록 해야 하지 않을까요?

· · ·

이 가운데 어떤 것도 이해할 필요는 없습니다.

만약 이것을 이해할 수 있다면, 당신은 비이원성에 관한 몇몇 개념을 그러모은 사람에 지나지 않을 것입니다. 이것이 무엇이라는 어떤 견해들을 가진 사람에 불과할 것입니다.

필요한 것은, 이해하는 것이 아니라 빠져드는 것입니다. 삶 그 자체인 경이로운 신비 속으로 빠져드는 것. 모름 속으로 빠져드는 것.

그렇게 빠져들면 추구하는 자는 더 이상 존재하지 않습니다.

선물

분리라는 꿈속에서, 당신은 선택권과 자유의지를 가진 개인입니다. 꿈속에서, 당신은 이 책을 읽기를 선택한 것처럼 보입니다. 당신은 서점에 가서 책을 사거나 친구에게서 빌리는 것을 선택했고, 오늘 그 책을 집어 들고 앉아서 읽기를 선택했습니다. 지금 의자에 그런 자세로 앉아 있기를 선택하고 있으며, 글을 읽기 위해 눈동자를 좌우로 움직이기를 선택하고 있으며, 내 말을 믿을 것인지 말 것인지, 내가 하는 말을 좋아할 것인지 말 것인지, 이 말들을 읽으며 흥미를 느낄 것인지 지루해할 것인지, 또는 그러지 않을 것인지를 선택하고 있습니다. 꿈속에서, 당신은 분명히 수많은 선택을 하고 있습니다.

꿈속에서 당신은 이것을 향해 가는 길을 선택했습니다.
꿈속에서 당신은 이 모든 일이 일어나게 했습니다.

꿈속에서 당신은 자기가 이 모든 일을 한다고 주장할 수 있습니다.

꿈속에서 당신은 창조주처럼 보입니다.

스스로 선택한다는 이야기, 자신이 분리되고 고정불변한 개인이라는 이야기, 자신을 중심으로 자기의 삶이 돌아가고 있다는 이야기, 자신이 모든 일을 하고 있다는 이야기, 자신이 이 모든 일을 일어나게 하고 있다는 이야기가 떨어져 나가면, 당신은 이런 것들이 어떻게 존재하게 되었는지 진실로 알 길이 없습니다. 선택권이라는 것이 떨어져 나가면, 자신이 어떻게 여기에 있게 되었는지 알 길이 없습니다. 어떻게 이런 일이 벌어졌는지 알 수가 없습니다.

그리고 마치 갓난아기처럼 당신은 눈을 뜨고 '이것'을 발견합니다. 개인이라는 것은 떨어져 나가고, 당신은 난생처음 이것을 보고 있습니다. 아래를 내려다보니 자신이 의자에 앉아 있습니다. 의자가 꼭 거기에 있을 필요는 없다는 느낌이 들지만, 어쨌든 그것은 거기에 있습니다. 그리고 오직 그 모든 것에 대한 고마움만 있습니다.

아래를 내려다보니, 세상에, 거기에 의자가 있습니다. 의자는 자기를 제공하고, 아무 조건 없이 당신을 떠받쳐 주지만, 아무것도 요구하지 않습니다. 얼마나 큰 은총인지요!

의자는 당신이 어떤 사람이든, 당신이 자기를 어떤 사람이라고 생각하든 상관하지 않습니다. 당신이 무엇을 했든 무엇을 하지 않았든 상관하지 않습니다. 당신이 무엇을 이루었든 무엇을 이루지 못했든, 당신이 무엇을 믿든 무엇을 믿지 않든 상관하지 않습니다. 당신이 성공한 사람인지 실패한 사람인지, 목표를 달성했는지 달성하지 못했는지 상관하지 않습니다. 의자는 당신이 깨달았다고 생각하든 그렇지 않든 상관하지 않습니다. 당신의 외모가 어떠하든, 당신이 무슨 옷을 입었든 상관하지 않습니다. 당신이 아프든 건강하든, 당신이 불교인이든 기독교인이든 이슬람교인이든, 당신이 젊은 사람이든 늙은 사람이든, 당신이 이해하든 이해하지 못하든 상관하지 않습니다. 의자는 자기를 아무 조건 없이 내줄 뿐입니다.

이 메시지는 복잡하지 않습니다. 그것은 의자처럼 평범하고 흔한 것들 속에 있습니다.

의자만이 아니라 모든 것이 그렇습니다. 모든 것이 자기를 아무 조건 없이 내줍니다.

비밀은 바로 이것입니다.
삶은 사실 삶이 아니라, 선물이라는 것.

바로 지금, 삶은 '이것'을 제공합니다. 삶은 지금 이 순간을 제공합니다. 여기에서 일어나고 있는 모든 것을 제공합니다. 이 현존을, 이 살아 있음을 제공합니다. 삶은 보이는 모습과 소리와 냄새로 이루어진 피상적인 세상을 제공합니다. 비록 그 모든 것의 중심에는 아무도 없고, 진실을 말하자면, 어떤 세상도 없지만, 그럼에도 불구하고 '이것'이 있습니다. 그리고 어린아이의 순수한 눈으로는, 당신은 처음부터 언제나 이것을 보고 있습니다. 말로는 이것을 설명할 수가 없습니다.

마음에게는 이 모든 말이 미친 소리로 보입니다. 마음은 말합니다. "의자가 저기 있는 건 당연하지! 내가 거기에 두었으니까! 내가 그렇게 했다고!" 마음은 '지금 있는 것(what is)'의 경이로움을 결코 파악할 수 없습니다. 그래도 상관없습니다. 그럴 필요도 없으니까요. 인식하지 못하든 알아보지 못하든, 경이로움은 언제나 경이롭습니다.

. . .

더 깊이 들어가 봅시다. 아래를 내려다보면, 몸 위에 걸치고 있
는 옷이 보입니다. 옷은 당신을 보호해 주고, 따뜻하거나 시원하
게 해 주며, 햇볕을 막아 줍니다.

숨이 쉬어지고 있습니다. 들이쉬고 내쉬고, 들이쉬고 내쉽니다.
아무 노력 없이 저절로 이루어집니다. 숨은 당신에게 아무것도
요구하지 않습니다. 꿈도 없는 깊은 잠을 잘 때도, 그렇다는 것을
알 수 있는 당신조차 거기에 없을 때에도, 숨은 쉬어지고 있습니
다. 당신이 없는 동안에도 숨은 쉬어집니다! 당신은 거기에 있을
필요조차 없으며, 그럼에도 불구하고 선물은 계속해서 주어집니
다.

심장이 뛰면서 온몸에 피를 내보냅니다. 하지만 심장은 당신에
게 아무것도 요구하지 않습니다. 아무 대가 없이 자신을 내줄 뿐
입니다. 언젠가는 그러기를 멈출 것입니다. 언젠가는 심장이 더
이상 뛰지 않겠지만, 지금은 뛰고 있습니다. 언젠가는 숨이 더 이

상 쉬어지지 않겠지만, 지금은 쉬어지고 있습니다. 당신에게 보장된 것은 아무것도 없습니다. 또 하나의 하루도, 또 하나의 시간도, 또 하나의 순간도 보장되어 있지 않습니다. 그럼에도 불구하고 당신은 이 모든 것을 얻습니다. 공짜로.

 몸에서 느껴지는 감각들, 소리들, 시원한 산들바람. 그리고 어디선지 모르게 나왔다가 아무것도 없는 곳으로 돌아가는 생각들까지. 당신은 그 모든 것도 역시 공짜로 얻습니다. 이것이 은총입니다. 이것이 '하나임' 입니다. 그것은 당신이 예상했던 것과는 전혀 다릅니다. 어느 누가 해탈이, 이것을 무엇이라 부르든지 간에, 이렇게 단순하고 이렇게 명백할 것이라 생각이나 했겠습니까? 해탈이 '지금 있는 것'을 단순하고 분명하게 보는 것이라 생각이나 했겠습니까? 해탈이 명징하게 보이는, 있는 그대로의 삶이라 생각이나 했겠습니까?

 물론 마음은 이러한 메시지를 거부할 것입니다. 이것은 마음이 통제한다는 허구적인 이야기의 종말이기 때문입니다. 마음의 미래의 종말. 마음의 추구의 종말. 마음에게는 이것이 일종의 죽음처럼 보일 수도 있습니다. 그래서 마음은 말합니다. "아니야, 이것이 그것일 리 없어. 이것은 너무 평범해! 난 이보다 훨씬 좋은 것을 원했어! 난 그냥…… 의자에 앉아 있는 것보다 훨씬 좋은 것을 원했다고!"

마음은 이것이 너무나 '평범' 하다고 말합니다.

하지만 이것을 평범하게 만든 것은 항상 비범한 것에 대한 추구였습니다. 이것을 너무나 평범하고 따분하게 만든 것은 항상 '저 바깥' 의 무언가에 대한 추구였습니다. 우리는 '이것' 에 너무나 지루해진 나머지 '저것' 을 원했습니다! '이것' 에 너무나 지루해져서 우리는 이것으로부터 깨어나기를 원했습니다.

영적인 추구는 언제나 현재에 대한 거부에 뿌리를 박고 있었습니다. 평생의 추구는 언제나 '지금 있는 것' 에서 벗어나려는 움직임이었습니다.

그러나 비범한 것에 대한 추구가 떨어져 나가면, '이것' 은 더 이상 평범하지 않습니다. 추구가 떨어져 나가면, 그래서 추구하는 자도 함께 사라지면, 당신은 더 이상 이것을 '평범하다' 고 부를 수 없게 됩니다. 반대되는 것들[4]이 서로 무너지고 난 뒤 당신에게

---
4 예컨대 평범함과 비범함, 뜨거움과 차가움, 좋음과 싫음처럼 서로 반대되는 개념

남아 있는 것을 말로 표현할 방법은 없습니다.

갓난아기나 아주 어린 아이를 잘 보면, 아이들에게는 있는 그대로의 삶에 놀라워하는 마음이, 경탄하는 마음이 있습니다. 어른이된 우리는 어린아이 같은 순수함과 단순함에서 아주 멀리 떠나버린 것 같습니다. 우리는 너무 심각해졌고 추구하는 일에 너무빠졌습니다. 우리는 세상에서 중요한 사람이 되기를 추구하고, 성공을 위해 계속 매진하며, 모든 것을 완벽하게 만들려고 합니다.그런 추구는 몹시 피곤한 일입니다.

그런데 모든 추구의 수면 아래에서는 우리는 여전히 갓난아이들과 같습니다. 우리는 여전히 난생 처음 세상을 보고 있습니다.우리는 단지 '무엇이 되기(becoming)' 게임 속에 조금 빠져 있을뿐입니다. 그뿐입니다.

들로 이루어진 쌍들.

가구 재배치하기

마음이 이 모든 정보를 처리하려 할 때, 마음이 보일 반응 가운데 하나는 이러할 것입니다.

"추구하는 것이 문제라면, 어떻게 그것을 포기하지?"

그런 물음과 더불어 우리는 곧장 '추구하는 게임' 속으로 되돌아옵니다. 우리는 추구를 끝내기를 추구하기 시작하는데, 그것은 이전보다 더한 추구입니다.

이것은 어떤 것을 포기하는 일이 아닙니다. 우리의 영적 수행을 포기하거나, 목표를 포기하거나, 추구마저 포기하는 일이 아닙니다. 추구하는 것이 문제라고 보는 일이 아닙니다. 모든 것이 추구라는 사실을 깨닫고는 삶을 포기하고 아무것도 하지 않으면서 빈 둥거리는 일이 아닙니다. 어떤 것을 거부하는 일이 아닙니다.

꿈속에서는 아무것도 바꿀 필요가 없습니다. 이 책이 다른 영성 관련 책들과 다른 점은 이것입니다. 많은 영성 책들은 당신의 삶을 바꾸는 방법을 다루고 있습니다. 마음가짐을 바꾸고, 행동을 바꾸고, 생각을 바꾸는 방법을 다루고 있습니다. '삶'이라는 호텔 방에 있는 가구를 재배치하여 더욱 편안히 머물 수 있는 장소로 만들려고 하는 것입니다. 이 책은 가구를 재배치하는 방법을 가르쳐 주지는 않을 것입니다. 하지만 더욱 편안한 방을 원하신다면, 당연히 가구를 재배치해도 좋습니다!

내가 말씀드리고자 하는 것은, '당신의 삶'은 이미 있는 그대로 완벽하다는 점입니다. 그렇다는 것을 아직 알아차리지 못했을지라도 말입니다.

밤에 잠이 들어 꿈을 꾸고 있다고 상상해 보십시오. 꿈속에서 온갖 일들이 벌어집니다. 꿈을 꾸고 있는 동안에는 그 모든 일이 분명히 실제인 것처럼 보입니다. 그러다 문득 깨어나면, 방금 일어났던 모든 일이 실제로는 전혀 일어나지 않은 일이라는 것을 깨닫게 됩니다.

그러면 그 꿈 가운데 바꿔야 할 것은 아무것도 없습니다. 당신은 아침에 잠에서 깨어난 뒤 꿈을 바꾸려 애쓰지 않습니다. 그렇지 않나요? 꿈을 꿈으로 보는 것만으로도 충분합니다. 꿈을 꿈으로 보게 되면, 꿈꾸는 자는 더 이상 없으며, 그 꿈속에서 일어났던 일은 어떤 것도 당신에게 영향을 미칠 수 없습니다.

영화를 보고 있을 때도 마찬가지입니다. 당신은 영화관에 앉아 있으면서 영화를 바꾸거나 조작하려고 애쓰지 않습니다. 그냥 지켜볼 뿐입니다. 그리고 사실, 그 지켜봄 가운데에는 보는 사람과 보이는 영화 사이의 분리가 없습니다. 당신이 영화 속에 완전히 몰입되어 있을 때는 오로지 지금 일어나는 일만 있을 뿐입니다. 당신은 영화를 보면서 그 모든 일이 마치 자기에게 일어나고 있는 일인 양 울고 웃습니다. 당신은 자기 자신을 잊습니다. 영화 속으로 녹아듭니다.

우리가 영화 보러 가는 것을 좋아하는 이유는 그 때문입니다. 영화를 보고 있을 때, 당신은 아무 일도 할 필요가 없습니다. 그저 지금 일어나고 있는 일이 스쳐 가도록 내버려두기만 하면 됩니다. 더 정확히 말하자면, 당신은 영화에 씻겨 없어집니다. 당신과 당신의 과거와 미래는 지금 일어나고 있는 일을 위해 사라집니다. 스크린 위에서 일어나고 있는 일은 본질적으로 실제가 아닙니다. 그래서 당신은 완전히 경험 속에 빠져들 수 있으며, 완전히 자기 자신을 놓아 버리고, 지금 일어나고 있는 일 속으로 거리낌 없이 들어가서, 마치 지금 일어나는 일이 실제로 일어나는 일인 양 울고 웃으며 환호할 수 있습니다. 그것이, 한동안이지만 어쨌든, 완전히 실제인 것처럼 느껴지는 까닭은 그것이 실제가 아니기 때문입니다. 이것이 경험의 핵심에 있는 명백한 역설입니다. 삶이란 아주 거대한 한 편의 영화일 뿐입니다. 이제까지 만들어진 것 가운데 가장 거대한 영화.

깨어나면, 영화는 영화로 보입니다. 깨어나면, 꿈은 꿈으로 보입니다. 그것은 본질적으로 실제가 아니지만, 당신이 몰입해 있을 때는 실제인 것처럼 보입니다.

'당신'의 이야기, 당신의 과거와 미래는 본질적으로 실제가 아닙니다. 오직 삶이라는 꿈-영화에 매료되어 있을 때만 실제인 것처럼 보입니다. 그 이야기의 어떤 지점에서든 이야기에서 깨어나라는 초대는 항상 주어집니다. 그런 경우에도 이야기는 끝나지 않습니다. 이야기는 계속되지만, 이야기일 뿐이라는 것이 간파됩니다. 그것은 투명해집니다. 영화는 계속해서 상영되지만, 영화의 정체가 밝혀집니다.

그러면 무슨 일이 일어나든 당신을 해칠 수 없다는 것을 알게 됩니다. 슬픈 장면이든 무서운 장면이든, 그것들은 이제 당신에게 작은 흠집조차 내지 못합니다.

당신은 영화가 투영되는 스크린과 매우 비슷해집니다. 영화 속에서 무슨 일이 벌어지든, 스크린은 때가 묻지 않습니다. 스크린은 어떤 것이든 그 위에 투영되도록 사랑으로 허용합니다. 무서운 장면이든 즐거운 장면이든, 모든 것이 허용됩니다. 그 뒤 영화가 끝나고 관객들이 돌아가지만, 스크린은 영화가 시작되기 이전처럼 새롭고 깨끗합니다.

그리고 스크린의 입장에서 보면, 시작되는 것도 없고 끝나는 것도 없습니다. 스크린의 입장에서 보면, 시간이나 공간은 없습니다. 영화는 시간과 공간으로 이루어져 있습니다. 아무것도 투영되는 것이 없을 때, 시간과 공간은 의미를 잃어버립니다.

해탈에서는, 시간과 공간이 있는 그대로, 즉 관념에 불과한 것으로 보입니다.

이 책은 당신의 모든 문제를 해결해 주려는 것이 아닙니다. 그것은 모두 꿈속의 일일 뿐입니다. 꿈속의 등장인물이 꿈속의 문제들을 해결하려고 하는 것입니다. 영화 속의 등장인물이 자기의 허구적인 영화 속 문제들을 해결하려고 애쓰는 것입니다.

영화 속 등장인물은 자기의 문제들이 실제라고 믿습니다. 만약 등장인물이 실제라면 그 문제들도 실제일 것입니다. 하지만 배우는 촬영을 끝내고 화장을 지운 뒤, 옷을 갈아입고 집으로 갑니다. 영화 테이프를 영사기에서 빼내면, 모든 것이 사라집니다. 영화 테이프는 상자에 담겨 한쪽으로 치워지고, 영화관의 조명이 꺼집니다. 만약 당신이 실제라면 당신의 문제들도 실제일 것입니다.

아무도 없다

　당신의 삶 속 모든 것은 당신 자신의 부재(不在)를 가리키고 있습니다.

　가장 극심한 고통조차 고통 받는 사람의 부재를 가리키고 있습니다.

　가장 극심한 고통의 한가운데에는, 바로 그 중심에는 고통 받는 사람이 없습니다. 고통이 가리키는 것도 분리된 사람, 고정된 사람이 없다는 것입니다. 듣기가 매우 불편하시겠지만 내 이야기를 참고 들어 주시기 바랍니다.

　아픔은 있지만, 아픔을 겪고 있는 사람은 없습니다. 여기에 한 사람(person)이 있다는 것, 그것이 바로 꿈이고, 그것이 바로 고통입니다. 아뇨, 오직 아픔이 일어나고 있을 뿐, 오직 감각이 일어나고 있을 뿐, 그 모든 일을 당하는 사람은 거기에 없습니다. 오직 지금 나타나는 삶의 모습만, 오직 지금 보이는 모습들과 소리들과 냄새들만 있을 뿐, 그 모든 것의 한가운데에는 아무도 없습니다. 부재(不在)만이 절대적으로 현존(現存)할 뿐입니다. '아무것도 아닌 것(nothing)'이 '모든 것(everything)'으로 나타나는 게임을 하고 있을 뿐입니다.

생각들은 일어나지만, 생각하고 있는 사람은 없습니다.

의자는 있지만, 의자에 앉아 있는 사람은 없습니다.

바로 지금, 숨 쉬고 있는 사람은 없습니다. 보고 있는 사람은 없습니다. 듣고 있는 사람은 없습니다. 호흡이 그냥 일어날 뿐입니다. 방이, 책이, 지면 위의 글자들이 그냥 나타날 뿐입니다. 눈을 뜨면 그것들이 저절로 나타납니다. 소리들이 그저 일어납니다.

"내가 숨 쉬고 있고, 내가 보고 있고, 내가 듣고 있다."
이것은 이야기일 뿐입니다.

이야기 이전에는, 결코 아무것도 없습니다. "나는 한 사람이며, 의자에 앉아서, 책을 읽고 있다."는 이야기 이전에는, 사람도 없고, 의자도 없고, 책도 없습니다. '나'라는 이야기 이전에는 아무것도 없으며, 없다는 것을 알 사람도 없습니다. '나' 이전에는, 우리는 진실로 그것에 대해 단 한 마디도 이야기할 수 없습니다. 오직 불가사의한 신비뿐입니다. 그리고 그것조차 진실이 아닙니다.

그 불가사의한 신비에서 '나'가 나타납니다. 그리고 하나의 '나'를 갖는 순간, 당신은 '세상'이라는 것을 갖는 것처럼 보입니다. 그러한 수축 이전에는 세상이 없습니다. 세상은 '나'와 함께 생겨납니다. 확장, 수축. 창조, 파괴. 우주의 심장 박동.

깨달음이라는 신화

해탈이란 나는 가지고 있는데 당신은 가지고 있지 않은 것이 아닙니다. 이 메시지는 깨어난 사람 또는 깨달은 사람으로서 자신이 알게 된 것을 다른 사람들에게 전하려는 것이 아닙니다.

깨어난 사람도 없고, 깨달은 사람도 없습니다. 왜냐하면 실제로는 어떤 사람도 없기 때문입니다.

자기가 깨어났다고 믿는 사람, "나는 깨어났는데, 너는 그렇지 않다."라거나 "나는 이것을 보지만, 너는 그렇지 않다."라고 말하는 사람이 있다면, 그런 사람은 여전히 분리를 믿고 있는 것입니다. "나는 깨어났는데, 너는 그렇지 않다." 이것은 이전보다 더 심한 분리입니다! 그렇게 말하기 위해서는 '나'라는 기준점이 여전히 있어야만 합니다. 자기를 '너'와 비교하는 '나'. 매일 아침 잠에서 깨어 자신이 깨어났음을 스스로에게 상기시키는 '나'.

하지만 '나와 너' 게임이 완전히 떨어져 나가면, 그런 기준점들이 더 이상 존재하지 않으면, 당신에게는 오직 불가사의한 신비만 남습니다.

그 모든 것이 떨어져 나가면, 당신은 자신이 깨어났다는 것을 알 길이 없습니다.

당신은 아무것도 알 길이 없습니다. 당신에게는 '이것'이 무엇인지를 표현할 말이 더 이상 없습니다. 갓난아기처럼 당신은 모든 것을 난생처음 봅니다. 아무것도 이름을 가지고 있지 않습니다. 에덴동산의 아담처럼, 당신은 백지 상태에서 그 모든 것에 이름을 붙이기 시작합니다.

깨어난 사람이든 깨달은 사람이든, 모두가 꿈속의 인물입니다. 깨어남을 찾고 있는 꿈속의 등장인물입니다. 그 등장인물이 마침내 깨어나게 되더라도, 그것은 꿈속의 깨어남이라는 사실이 밝혀집니다.

아무것도 변하지 않지만,
모든 것이 변한다

설령 당신이 깨어남이라 불리는 이 물건을 가졌다 할지라도, 그
것을 가지고 무엇을 하겠습니까? 우리는 의자에 앉아 있음의 경
이로움과 은총조차 보지 못합니다. 우리는 눈앞에 분명히 있는
것조차 알아보지 못하는데, 마침내 깨어남을 얻는다 해도 어떻게
이 깨어남을 알아보겠습니까? 우리는 '이것'을 보지도 못합니다.
그러니 설령 깨어남이라는 것을 갖는다 할지라도, 우리는 그것
역시 알아볼 수 없을 것입니다.

이것으로 시작하십시오. 여기에서 시작하십시오. 먼저 '이것'
을 보십시오.

재미있는 사실은, 당신이 '이것'을 보게 되면, 더는 '저것'을 원
하지 않게 된다는 점입니다.

'이것'을 보게 되면, 이것이 언제나 충분하다는 것도 보게 되기 때문입니다.

그저 이 의자에 앉아 있음, 숨을 쉼, 이것만으로 충분합니다. 더할 나위 없이 충분합니다.

그리고 '이것'을 보면서도 평범한 삶을 살아갈 수 있습니다. 여전히 아침에 일어나고, 옷을 입고, 상쾌한 대기 속으로 걸어 나가, 나무를 하고 물을 길으며, 당신이 해 오던 모든 일을 합니다.

변한 것은 아무것도 없습니다. 여전히 아주 평범한 삶을 살아갑니다.

그럼에도 불구하고 모든 것이 변했습니다. 왜냐하면 무거움이 사라졌고, 심각함이 사라졌고, 추구가 사라졌기 때문입니다. 추구하는 자가 죽었기 때문입니다.

아무것도 변하지 않았지만, 모든 것이 변했습니다. 그리고 처음부터 오로지 기적만 있었음을 보게 됩니다.

분리된 개인이라는 느낌이 떨어져 나가면, 평생에 걸친 추구가 완전히 끝나고 '조건 없는 사랑' 속으로 뛰어들 수 있습니다. 이 책이 나누려는 것은 그런 가능성입니다.

2
인터뷰:
그것이 모든 것이다

그렇지만, 그 이면에서는, 모든 것이 기적과 같습니다.
그것은 당신이 예상했던 것과는 완전히 다릅니다. 이것
이 무엇이라고 생각하는 순간, 그것은 그저 하나의 생각
에 불과합니다. 이것은 너무나 생생히 살아 있어서 결코
붙잡을 수 없고, 알 수도 없습니다.

자유로워지는 '방법'은 없습니다.
자유로워지는 '방법'을 묻는다면,
당신은 내 말을 제대로 듣지 않은 것입니다.

_지두 크리슈나무르티

이은 맥내이가 제프 포스터를 인터뷰함

칸셔스 티브이(Conscious TV)

www.conscious.tv

제프, 비이원성이란 무엇입니까?

음, 좋은 질문이군요. 내게는 '비이원성'이라는 말이 '둘이 아님'을 뜻하며, 모든 것이 '하나'임을 가리킵니다. 세상에는 분리된 것들이 있는 것처럼 보입니다. 분리된 사람들, 분리된 개인들, 분리된 대상들이 있는 것 같고, 과거와 미래가 있는 것처럼 보입니다. 하지만 실제로는 그 모든 것이 '하나'입니다. 그리고 영적인 추구는 사실 '하나임'을 찾는 추구입니다.

우리는 완전하다고 느끼게 해 줄 무언가를 계속 더 원하는 것 같습니다. 어떤 면에서 이건 매우 인간적인 성향이라고 할 수 있겠죠.

그렇습니다. 추구는 분리되어 있다는 느낌에서 비롯됩니다. 분리되어 있다고 느끼기 때문에 찾기 시작하는 것이죠. 물질적인 세계에서는 돈, 명예, 더 나은 인간관계, 더 강한 자아감을 추구합니다. 영적인 세계에서는 깨어남, 깨달음, 해탈을 추구합니다. 하지만 사실 그 둘은 똑같은 추구입니다.

그것은 완성을 향한 추구입니다. 집을 향한 추구입니다. 그런데 내가 나누고 싶은 얘기는, 우리는 애초에 집을 떠난 적이 없다는 것입니다. 오직 '그 하나임'만 존재합니다. 그것은 지금 여기에 있으며, 우리는 그것과 분리되어 있지 않습니다.

그것을 보게 되면, 다른 무언가를 향한 추구 전체가 떨어져 나갑니다.

그런 일이 일어난다면 어떤 느낌일까요?

(웃음) 알다시피, 그걸 말로 얘기하기는 아주 어렵죠! 그런 일이 일어날 때는, 분리된 자아가 사라지는 일이 일어날 때는 그 일을 경험할 당신이 거기에 없습니다.

"당신은 없다."고 말씀하시는데, 그게 무슨 뜻인가요?

한마디로, 과거와 미래가 없다는 말입니다. 자기 자신을 세상 속에 있는 '분리된 한 사람'으로 여길 때의 무거운 느낌이 없습니다. 단지 지금 일어나고 있는 일이 있을 뿐입니다.

그리고 그것을 알 '사람'이 없습니다. 그것은 알 수 없는 것입니다. 그것은 '알 수 없는 것' 속으로 뛰어드는 것인데, 사실 우리는 언제나 그 안에 있습니다.

당신은 여전히 생각을 하나요? 생각이 여전히 일어납니까?

음, 생각은 여전히 일어납니다. 생각은 얼마든지 일어나도록 허용됩니다. 하지만 생각은 더 이상 문제가 되지 않습니다. 왜냐하면 정체성을 세우기 위해 생각을 이용하려는 '사람'이 더 이상 없기 때문입니다.

우리는 세상에서 자라면서 이런저런 것들을 붙잡으려 합니다. 우리 자신을 어떤 무엇으로 만들기 위해 애를 씁니다. 어떤 사람이 되기 위해, 어떤 무엇이 되기 위해, 소유하기 위해, 붙잡기 위해 노력을 하죠. 그것은 인간의 상태라고 할 수 있습니다. 그런 것들이 모두 떨어져 나가면, 모든 것이 풀려나게 되고, 그것은 아무것도 붙잡지 않은 채 마침내 자기 자신으로 존재할 수 있습니다. 그 안에서는 물론 어떤 것이든 일어날 수 있습니다. 생각들, 소리들, 냄새들, 몸의 느낌들. 하지만 그 어떤 것이 나의 것이라는 느낌은 없습니다. 내가 그중 어느 하나라도 통제하고 있는 '분리된 개체'라는 느낌은 없습니다.

소리들은 일어나지만, 듣고 있는 사람은 없습니다. "내가 이렇게 하고 있어. 내가 듣고 있어."라고 생각하는 사람은 없습니다. 내 삶의 중심에 있다고 여겼던 '나'는 하나의 환상으로 보입니다. 삶에는 중심이 없음을 보게 됩니다. 그렇다고 해서 삶이 끝나는 것은 아닙니다. 해탈하게 되면 모든 것이 멈춘다고 믿는 사람들이 있습니다. 아니, 절대로 그렇지 않습니다. 이것은 열림입니다. 지금 있는 것에 대한 열림. 지금 있는 것의 허용. 하지만 그것은 당신이 하는 일이 아닙니다. 사람들이 가장 받아들이기 힘든 말이 이런 말입니다만.

당신의 개성에는 어떤 일이 일어납니까?

개성의 정체를 꿰뚫어 보게 됩니다. '나'라고 불리는 고정된 것이 전혀 없다는 사실을 보게 되는 거죠.

70

그래도 좋아하는 것들과 싫어하는 것들은 여전히 있을 텐데, 단지 그런 것들에 지배당하지 않게 되는 것인가요?

그렇습니다. 그 모든 것이 아주 재미있는 놀이가 됩니다. 필요하면 제프가 되는 놀이를 하죠. 제프라는 이 등장인물, 그가 지금 어디에 있나요? 그는 지금 일어나고 있는 하나의 생각일 뿐입니다.

이것은 나 같은 사람만이 경험하는 어떤 특별한 상태가 아닙니다. 당신이 단지 하나의 생각에 불과하다는 것은 우리 모두에게 진실입니다. 당신의 과거와 미래 전체가 단지 지금 일어나고 있는 하나의 생각일 뿐입니다.

개성이 시간의 흐름에 따라 변하는 것을 알아차리십니까? 개성이 계속 좋게 다듬어지나요? 마음의 어떤 짐들이 사라지나요?

제프라는 등장인물이 특별하다는 인상을 주지 않으면서 이야기하기란 몹시 어려운 일이군요. '이것'은 아주 평범합니다. 그것은 이미 있던 것 속으로 돌아가는 것입니다. 그것은 언제나 여기 있었는데, 우리가 보지 못했을 뿐입니다. 추구 게임에 너무 깊이 빠져 있는 바람에 우리 앞에 늘 있는 것을 보지 못한 것입니다.

자신이 이를테면 깨달은 공간, 깨어난 공간 속에 있다고 느끼는 사람들과 한동안 함께 지낸 적이 있습니다. 뭔가 특별한 일이 진행되고 있다는 것은 분명했죠. 그렇지만 때로는 그들이 개성에 지배당하는 것처럼 보일 때가 있더군요. 어쩌면 그런 경험이 개성을 강화시켜서 실제로는 좋은 영향을 미치지 못할 수도 있지 않을까 하는 생각이 듭니다.

이것을 본다 하더라도, 자기 삶의 중심에 '나'—이 토대 위에 우리의 삶 전체가 세워지는데—가 없다는 사실을 본다 하더라도, 그런 것들이 떨어져 나가더라도, 그래요, 마음, 생각, 또는 개성—그걸 뭐라고 부르든 간에—은 여전히 관성이 남아 있는 것 같습니다. 마음은 그동안 추구하는 것밖에 몰랐습니다. 그래서 마음은 다시 돌아올 수 있습니다. 그것은 마치 당신이 깨어났다고 생각하는 순간, 그렇지 않은 것과 같습니다. 왜냐하면 마음이 다시 돌아올 것이기 때문입니다.

자기가 깨어났다고 생각하기 때문이라는 거군요. 자기가 특별하다고 생각하고, 분리되어 있다고 생각하니까요.

맞습니다. 당신이 깨어났다거나 깨달았다거나 해탈했다고 생각하는 한, 거기에는 그렇게 생각하는 '당신'이라는 개인이 있습니다. 그것을 개인적인 성취로 여기는 생각이야말로 가장 놓아 버리기 어려운 것입니다. 오랫동안 나는 내가 깨달았다고 생각했습니다. 하지만 알다시피, 그것은 단지 하나의 믿음에 불과했죠. 그것은 분리였습니다. "나는 깨달았지만, 당신은 그렇지 않다." 분리죠. 그리고 거기에는 어떤 우월감이 있었습니다. 내가 무언가 특별한 것을 가졌다고 생각했죠.

하지만 그 모든 것도 역시 떨어져 나갔습니다. 그것은 실제가 아니었습니다. 그것은 떨어져 나가야 할 마지막 환상이었습니다. 그것은 하나의 환상이었습니다. 에고는 자신이 깨달았다고 느끼는 것을 좋아합니다. 그래야 모든 사람에게 자기가 깨달았다고 말하면서 온 세상을 돌아다닐 수 있으니까요!

그렇죠. 그건 파티에서 사람들에게 칭송받을 수 있는 뛰어난 개인기 같은 거니까요.

그렇습니다. 그런데 이쪽에서 보면, 깨달을 수 있거나 깨달을 수 없는 '나'라는 것은 존재하지 않습니다.

이 단계—적합한 말은 아닙니다만—가 발전합니까? 점점 더 나아지나요? 변화하는 것이 느껴지나요? 점점 성장합니까?

오직 지금 일어나는 일만 있을 뿐, 다른 모든 것은 배경 속으로 사라집니다. '이것' 안에서, 그것은 이미 완전합니다. 삶은 이미 완전하다는 것이 보입니다. 그 사실이 보일 때, 실재하지 않는 것들은 저절로 떨어져 나가고 소멸합니다. 그러는 데 시간이 걸리는 것처럼 보일 수 있습니다. 하지만 분명히 보이는 것은, 오직 지금뿐이고, 오직 이것뿐이라는 것입니다. 그래서 내게는, 변화하는 제프에 대한 이야기가 더는 현실적인 것으로 느껴지지 않습니다.

자신에게 어떤 중요한 일이 일어났다는 사람들과 얘기한 적이 있는데요 마치 배경(背景)이 전경(前景)이 되고, 전경이 배경이 된 것 같았다고 하더군요. 기준점이 바뀌고, 개별적인 것들이 없어지고, 삶이 다른 관점에서 보이더랍니다.

하지만 '이것'은 언제나 여기에 있었습니다. 그것은 새로운 기준점이 아닙니다. 아기들은 이것을 봅니다. 갓난아기들은 이것을 봅니다.

막 태어난 아기들은 분리되어 있다고 느끼지 않아서일까요? 그들은 모두가 연결되어 있다고 느낄까요?

아기들은 그런 느낌조차 없습니다. 지금 일어나는 일만 있을 뿐입니다. 거기에는 "난 연결되어 있음을 느껴, 모든 것과 하나임을 느껴."라고 말할 사람이 없습니다. 그래요, 자연스럽게 일어나는 일들만, 지금 일어나고 있는 일들만 있을 뿐입니다. 어른인 우리는 그런 자연스러움, 그런 살아 있는 느낌, 그런 단순함에서 너무 멀리 벗어난 것처럼 보입니다. 더 나은 사람이 되려고 애쓰다 보면, 우리는 몹시 무거워지고 몹시 심각해집니다. 그리고 이것—지금 일어나고 있는 일—을 놓치게 됩니다. '나'를 위한 어떤 것, 더 나은 어떤 것을 추구하느라 너무 바쁘기 때문입니다.

그것은 게임 아닌가요?

게임입니다.

이 게임에서 빠져나갈 방법은 없을까요? 아기들이 그런 공간 속에 계속 머무를 수는 없을까요?

그럴 수 있기를 바랍니다. 하지만 '하나임' 안에는 아무 잘못이 없습니다. 게임은 끝날 때까지 계속되어야 합니다. 분리와 고통은 끝날 때까지 계속되어야 합니다. 마침내 진실이 보일 수 있도록. 고통과 분리는 우리를 깨어나게 하기 위해 있는 것 같습니다. 내 삶을 돌아보면 극심한 고통과 극심한 추구가 있었습니다. 당시에는 끔찍한 경험이었지만, 돌아보면, 그런 식으로 일어나야 했습니다. 왜냐하면 다른 어떤 이유 때문이 아니라, 그런 일들이 그런 식으로 이미 '일어났기' 때문입니다. 잘못된 것은 아무것도 없습니다.

일전에 우리는 당신이 살아온 인생에 대해 얘기를 나누었죠. 당신은 몹시 힘들고 불행한 시기를 겪었습니다. 그리고 탈출구를 찾기 위해 명상과 자기탐구에 관심을 갖게 되었죠.

맞습니다. 내가 겪고 있던 불행에서 벗어나기 위해 그런 추구를 하게 되었죠. 내 삶은 내내 불행했지만, 20대 중반에는 훨씬 심해졌습니다. 극심한 고통과 괴로움이 있었습니다. 모든 것이 무의미하고 허무해 보였습니다.

삶의 허무함, 당신이 겪은 불행의 중심에 그것이 있었나요?

예. 그것은 분리된 개인이 느낄 수밖에 없는 무거움이었습니다. 그렇다는 것이 정말 강하게 느껴졌어요. 몹시 외로웠습니다. 세상은 나에게 아무런 관심이 없는 것 같았습니다. 누구와도 관계를 맺지 못했죠. 정말 외로웠습니다.

다행히 내게는 예리한 지성이 있었습니다. 나는 꽤나 영민했던 것 같습니다. 하지만 그것 말고는 나 자신이 정말 싫었습니다. 내 모습이 싫었어요. 삶이 무거운 짐처럼 느껴졌습니다. 아침이 되어도 침대 밖으로 나가고 싶지 않았어요. 그런 게 너무 심했죠. 거의 항상 그런 상태였던 것 같습니다. 물론 당시에는 내가 얼마나 비참한 상태에 있는지도 잘 몰랐지만요. 그 당시엔 그냥 "이게 나라는 놈이고, 이게 내 운명인가 보지."라고 생각했습니다.

성격을 고치기 위해 노력해 보지는 않았나요? 어린 시절의 안 좋은 경험 때문에 당신의 성격이 제대로 형성되지 않았다고 보는 사람들도 있을 텐데요.

표면적으로는 꽤 행복한 어린 시절을 보냈습니다. 부모님은 나를 다정히 대해 주셨죠. 필요한 것은 뭐든지 가질 수 있었어요. 하지만 내면적으로는 그 모든 것이 내게는 견디기 힘들었습니다. 나 자신이 싫었어요.

그래서 자신이 다른 사람들과 분리되어 있다고 느꼈고, 바깥에는 당신이 가 닿을 수 없는 무언가가 있다고 느낀 건가요?

늘 나 자신이 거대한 세상 속에 있는 아주 작은 사람처럼 느껴졌습니다. 완전히 보잘것없는 사람처럼 느껴졌죠. 분리를 극단적으로 받아들였던 것 같습니다. 결국 그런 상태가 되었던 거죠. 우리는 다들 어느 정도는 그렇게 느낍니다. 다들 자신을 태어나서 고통 받고 늙어 죽는 세상, 그런 거대한 세상 속에 있는 작은 인간으로 느끼죠.

우리는 언젠가는 죽는다는 것을 알면서도 '난 아냐!'라고 생각합니다. 대다수 사람들은 죽음이 멀리 떨어져 있는 것처럼 여기죠.

우리는 죽음을 옆으로 밀쳐놓으려 합니다. 죽음에 대해 생각하지 않으려 하죠. 하지만 죽음은 다른 방식으로 고개를 내밉니다. 고통과 걱정의 형태로 드러나는 거죠.

죽음을 회피하려는 시도는 본질적으로 '아무것도 아닌 것(nothing)'임을 회피하려는 시도입니다. 우리가 죽음을 두려워하는 이유는, 그것이 말 그대로 '아무것도 없음' 속으로 뛰어드는 것이기 때문입니다. '아무것도 없음'은 알려질 수 없습니다. 그런데 마음은 알려지는 것의 영역에서 작동하죠. 우리는 알지 못하는 것을 두려워합니다.

　이해하지 못하는 것을요?

　예, 같은 말입니다. 아는 것, 이해하는 것은 우리가 통제할 수 있습니다. 그런데 죽음이 우리에게 보여 주는 것은 우리가 죽음을 통제할 수 없다는 사실입니다. 죽음과 질병은 어떤 다른 일, 우리가 통제할 수 없는 어떤 일이 여기에서 일어나고 있다는 것을 보여 주는 재미있는 방식입니다. 그것이 바로 우리 자신이 아무것도 아니라는 깨달음을 회피하면서 우리가 인생을, 물론 그러고 있다는 것조차 알아차리지 못하는 채로, 허비하고 있는 이유죠. 어느 수준에서는, 우리 모두는 자신이 아무것도 아니라는 것을 알고 있습니다. 우리는 모두 갓난아기들이었습니다. 우리는 모두 그 천진함을, 그 고정되어 있지 않음을, 그 열려 있음을, 특정한 어떤 것이 아닌 그 느낌을 맛본 적이 있습니다.

　그리고 우리는 본질적으로 그 천진함, 그 새로움, 그 열려 있음을 잃어버리지 않았습니다. 그것은 추구하는 게임 때문에 가려진 것처럼 보일 뿐입니다. 세상에서 분리된 사람, 분리된 개인으로 살아가는 게임 때문에. 그런 착각, 그런 근거 없는 가정 때문에 모든 고통이 시작됩니다.

내 경우에는 고통과 분리가 임계점에 도달하게 되었고, 그제야 이 다른 가능성이 빛을 발하기 시작했습니다. 이 특정한 경우에는 완전한 절망의 지점에 도달해야만 했습니다.

극한까지 갔기에 어떤 반전이 가능했던 걸까요?

그랬죠. 완전히 바뀌든지 자살하든지 둘 중 하나였습니다. 선택의 여지가 없었어요.

그런 선택 말고는 다른 대안이 없었나요?

이런 얘기를 하다 보면, 항상 우리에게 선택권이 있는 것처럼 들립니다. 그렇지만 우리에게는 선택권이 없습니다. 그 일은 이미 일어난 대로 일어나야 했습니다. 여기에는 아무 잘못이 없습니다. 나는 선택을 할 수 있는 분리된 개인이라는 생각, 그것은 환상이며 모든 고통은 그런 생각과 더불어 시작됩니다. 과거의 사건들이 실제와 다르게 일어날 수도 있었을 것이라는 생각도 마찬가지입니다. 거기에는 '이것'—지금 일어나고 있는 일—이 지금 이대로와 달라야 한다는 생각이 담겨 있습니다. 어떤 일도 실제와 다르게 일어날 수는 없었다는 것을 깨닫게 되면, '이것'은 정확히 지금 이대로여야 한다는 것도 알게 됩니다. '이것'은 지금 이대로일 수밖에 없습니다.

임계점에 도달한 뒤에는 어떤 일이 일어났습니까?

음, 나는 꽤 심각한 선열(腺熱, 림프선이 붓는 감염질환) 증세로 앓아누웠습니다. 그러다 어느 날 밤 화장실에 갔다가 쓰러졌고, 피를 토한 뒤 정신을 잃었습니다. 피가 흥건한 바닥에 쓰러져 있다가 정신이 돌아와서 몸을 움직이려 했는데, 온몸이 마비되어 있었습니다. '끝났어, 난 죽을 거야.'라고 생각했죠.

그 순간, 이 삶이란 얼마나 소중한 것인지, 얼마나 쉽게 사라져버릴 수 있는 것인지를 자각하게 되었고, 그 자각이 내 안에 자리하게 되었습니다. 며칠 뒤에는 훨씬 나아진 상태로 병원에 누워 있었지만, 그 경험에 관한 어떤 자각은 사라지지 않고 남아 있었습니다. 살아 있다는 것 자체가 얼마나 소중한 것인지를 이전에는 한 번도 실감한 적이 없었어요. 당연하다고 여겼던 거죠. 그동안 세상에서 어떤 중요한 사람이 되려고 애쓰느라, 어쨌든 내가 살아 있다는 사실, 그 단순한 사실을 간과했던 것입니다. 욕실에서 경험한 일에 대한 어떤 자각이 내게 충격을 주었죠. 죽음의 맛, 그리고 죽음이 얼마나 가까이 있는지, 이 모든 것이 얼마나 쉽게 사라져 버릴 수 있는지, 우리의 삶이란 얼마나 짧은 것인지, 하는 자각이……. 난데없이 그런 질병에 걸리게 되었고, 그 때문에 이 모든 것이 얼마나 쉽게 사라져 버릴 수 있는지를 깨닫고 두려움을 느꼈던 겁니다.

이전까지 나는 줄곧 확고한 무신론자였습니다. '영성' 이라는 말은 내게 아무런 의미가 없었습니다. 그것은 마녀나 마귀, 귀신 같은 것이라 생각했고, 내가 알지 못하는 것이었습니다. 종교는 어리석은 사람들이나 믿는 것이라 여겼습니다. 그런데 내가 사용하던 병실 침대 옆에 성경이 있었다는 것이 생각났죠. 나는 성경을 집어 들어 예수의 말씀을 찾아 읽었는데, 난생처음 느꼈습니다. 그것들이 공허한 말들에 불과한 것이 아니며, 사람들이 지어낸 허튼소리가 아니라는 것을, 그 속에는 무언가가, '영원한 생명' 에 관한, 이것의 귀중함에 관한, 초월적인 무언가가 담겨 있다는 것을……. 당시에는 그것이 무엇인지 몰랐지만 어떤 공명이 있었습니다.

나에게는 선택권이 없었습니다. 거기에서 영적인 추구가 시작되었습니다. 이것이 무엇인지, 이 공명이 무엇인지 알아내야만 했습니다. 그런데 나는 그것을 '저 바깥'에서 찾으려 했습니다.

추구가 시작되었다고 했는데, 어떤 형태의 추구였습니까?

나는 평생 추구하는 자였습니다. 개인은 추구하는 자입니다. 하지만 영적인 추구가 시작된 것은 바로 그 지점이었습니다. 이제 나는 영적인 추구를 시작했습니다. 일단 불이 붙자, 다시 돌아갈 길은 없었습니다. 그 후 나는 병에서 회복되는 동안 부모님과 함께 지내기 위해 맨체스터로 돌아갔습니다. 그리고 1년 남짓 내 방에만 틀어박혀 지냈죠.

상당히 극단적이었군요.

상당히 극단적인 사람이었죠.(웃음) 나는 다행히도, 불행인지도 모르지만, 지적인 능력이 아주 좋은 사람이었습니다. 케임브리지 대학교에서 교육도 받았죠. 아주 영리해서 한번 무언가에 손을 대면 철저히 파헤치고야 말았죠. 곧장 핵심을 파고드는 성격이었어요. 한번 불이 붙자 거세게 타오르기 시작했습니다. 그 불길을 끌 수가 없었어요.

불교, 기독교에 관한 기본 서적, 명상과 자기탐구에 관한 기본 서적들부터 읽기 시작했습니다. 그러고는 모든 책을 읽었고, 모든 것을 시도해 보았죠.

그러니까 명상 기법들도 실천해 보고, 종교 생활도 경험해 보았다는 말인가요?

그렇습니다. 그리고 온갖 종류의 '영적 체험'들을 하기 시작했습니다. 모든 것이 하나임을 언뜻언뜻 보았고, 자아가 사라지기도 했고, 깊은 자비심이 일어나기도 했습니다. 그 모든 것의 순전한 아름다움에 감동해서 몇 시간 동안 펑펑 울기도 했죠. 거대한 절망의 순간들도 있었습니다. 모든 것의 덧없음을 볼 때. '나'라는 것이 없음을 볼 때. 모든 추구가 실은 헛수고일 수 있음을 볼 때. 대단히 극적인 시기였어요. 오래된 믿음들, 평생 지니고 있던 믿음들이 떨어져 나가기 시작했습니다. 나는 내가 나라고 생각했던 사람이 아니라는 것을 깨닫기 시작했습니다.

그때 일어나고 있던 일이 대체로 긍정적으로 느껴졌나요?

긍정적인 느낌이었다고 말할 수는 없습니다. 처음에는 정말 흥미진진했지만, 끝으로 갈수록 꽤 힘든 경험들을 했으니까요. 추구가 몹시 강렬해졌지만, 나는 그것을 포기할 수 없었습니다.

강렬해졌다는 말은, 더 극단적인 행동들을 했다는 뜻입니까? 더욱더 오랫동안 명상을 했나요?

일상적인 삶에 대한 관심을 끊었다는 점에서 강렬했다는 말입니다. 일상적인 인간관계를 끊었고 평범한 것들에는 관심을 두지 않았습니다. 사실 그 당시의 일들이 잘 기억나지는 않습니다. 너무 많은 일들이 벌어졌고, 너무 많은 것들이 떨어져 나갔습니다. 한때는 전투적인 채식주의자가 되기도 했습니다. 모든 것을 탐구하고 있었고, 해답들을 찾고 있었습니다. 과거에 살았던 삶의 방식에서는 해답을 찾을 수 없다는 것을 알았습니다. 좋은 직업을 갖거나 좋은 배우자를 만난다고 해서 해답이 주어질 수 있는 것도 아니었죠. 과거에 해답을 찾을 수 있으리라 생각했던 곳이나 방식에서는 해답을 찾을 수 없다는 것이 분명해 보였습니다.

추구가 더 강렬해지자, 내 모든 정체성이 소멸되면서 내가 영적인 구도자라는 사실만 남게 되었습니다. 영적인 구도자라는 것이 나의 정체성이었습니다. 나는 과거의 정체성을 새로운 정체성으로 바꾸었습니다. 나는 모든 정체성에서 자유로워지고 있다고 생각했지만, 내가 보지 못한 것은 "나는 영적인 구도자다."라는 생각이 이전보다 더 강한 정체성이 되고 있었다는 사실입니다. 그것도 역시 집착할 수 있는 대상이었습니다.

하지만 그것이 당신의 세계를 열어 주었죠. 새로운 지평을 주었습니다.

영적인 추구는 많은 것을 열어 주었습니다. 하지만 여전히 분리된 개인이라는 느낌이 있었습니다. 당시에 그 느낌은 어떤 면에서는 이전보다 더 강했다고 생각합니다. 나는 더 이상 이전처럼 불행하지는 않았지만, 다른 면에서는 여전히 불행했던 것 같습니다. 이제는 깨달음에 이르지 못해서 불행했습니다. 이제는 '영적으로' 불행했습니다.

정말 열심히 추구했군요.

정말 그랬습니다. 사람들이 요즘 내 모임에 와서 질문을 하는

데, 나 역시 과거에 다 해 본 질문들입니다. 이 추구라는 것을 다 해 본 거죠. 인간에게 알려진 모든 질문을 다 해 보았지만 결코 해답은 찾을 수 없었습니다. 아니, 사실은 많은 대답을 만나긴 했습니다만…… 그때마다 번번이 추구가 다시 시작되었습니다. 미래를 향한 끊임없는 움직임이 있는 것 같았습니다. 잃어버렸다고 생각하는 무언가를 끊임없이 찾는 것 같았어요.

이제는 분명히 보입니다. 깨어나기를 추구하는 분리된 사람이 있는 한, 거기에는 분리된 사람이 있는 것입니다. 이 분리된 사람을 그때는 도저히 떨쳐 버릴 수 없을 것 같았습니다. 아무리 열심히 애쓰고 노력해도, 이 '나'를, 이 분리된 '나'를 제거할 수는 없을 것 같았습니다. '나'가 있는 한, 나는 깨어날 수 없다는 것이 어느 순간 분명히 이해되더군요. 그러자 이제 초점은 '나'를 없애는 데 맞춰졌습니다. 자아를 뿌리 뽑으려 했어요. 자아를 없애려고 애쓰는 것이 바로 자아라는 사실을 그때는 보지 못했던 거죠. 지독한 생각의 악순환이었습니다.

그리고 그런 순환들은 더욱더 미묘해졌습니다. 추구는 더욱더 미묘한 방식으로 계속되었습니다. 추구가 어떤 면에서 간파되면, 추구는 형태를 바꿔 더 미묘한 방식으로 계속됩니다. 마음은 포기하고 싶어 하지 않는 것 같았습니다. 마음은 '나'가 언젠가는 마침내 깨어날 것이라는 희망을 포기하고 싶어 하지 않는 것 같았어요.

그런데 어찌된 일인지, 그런 온갖 일이 벌어지는 와중에, 모든 것이 떨어져 나갔습니다. 하지만 내가 무언가를 했기 때문에 그런 일이 일어났다고는 말할 수 없습니다. '나'를 떨쳐 버리기 위해 노력하는 동안에는 오히려 '나'라는 느낌이 강화되고 있었으니까요.

하지만 당신이 그렇게 노력하지 않았다면, 그 모든 것이 떨어져 나갔을까요?

이게 핵심적인 질문이겠죠. 그때 분명히 알게 된 사실은, 그것은 이미 여기에 있고 이미 완전하다는 것이었습니다. 깨어남, '하나임', 또는 뭐라고 부르든 간에, 그것은 이미 여기에 있었습니다. 하지만 그것은 내가 가질 수 있는 것이 아니었습니다. 그것은 소유할 수도, 붙잡을 수도 없는 것이었습니다. 그런데 그것을 붙잡으려 하고 소유하려 한다면, 그것은 잃어버린 것처럼 보이게 됩니다. 내 경우가 그랬습니다.

그것이 영적 구도자에게는 헤어나기 힘든 딜레마죠. 한편으로 그것은 얻을 수 없는 것인데, 다른 한편으로는 얻으려는 노력을 멈출 수도 없다는 것이 말이죠. 여전히 살아가야 하고, 가슴을 따라야 하고, 삶이 데려가는 곳이면 어디든지 가야 합니다. 여전히 그렇게 해야 하는데, 그것은 경이로운 모험이죠. 그래서 이 모든 모험을 통과하여 무언가가 열리고 무언가가 변화된, 어떤 이유에서인지 불행이, 우울이 떨어져 나간 당신 같은 분을 만나게 되면, 깊은 감화를 받게 됩니다.

하지만 그런 절망의 한가운데에서 그것을 볼 수 있었다는 것이 이것의 아름다운 점이죠.

예, 무슨 말인지 알겠습니다.

나는 먼저 절망을 극복해야만 깨어날 수 있다고 생각했습니다. 하지만 내가 깨닫게 된 사실은, 이것은 이미 여기에 있다는 것이었습니다. 내가 나의 삶이라 여긴 것의 한가운데에, 절망의 한가운데에. 그것은 전혀 '나의 삶'이 아니었습니다. 무슨 일이 일어나고 있든지 거기에는 자유가 있었고, 이 자유는 결코 떠날 수가 없는 것이었습니다. 내가 얻은 것이 아니기 때문입니다. 그 자유는 그냥 거기에 있는 것이었고, '나'라는 개인과는 아무 상관이 없었습니다.

그것은 마치 가만히 앉아 있으면서, 추구가 저절로 진행되고 소진되도록 허용하는 것과 같았습니다. 내가 추구하고 고통 받는 동안에도 언제나 오로지 '하나임' 만 있었지만, 나는 그것을 알아볼 수 없었습니다. 심지어 내가 알아보지 못할 때에도 언제나 오로지 '하나임' 만 있었습니다.

그럼에도 이 모든 추구와 고통이라는 게임은 완전히 끝날 때까지 계속되었습니다. 그러지 않을 수 없다는 것도 역시 알게 되었습니다. 추구는 그럴 준비가 되었을 때에야 완전히 소진되었습니다. 준비가 되었을 때. 그것은 나와는 아무 상관이 없었습니다.

그것을 처음 의자에서 보았을 때를 기억합니다. 내 침실에서 의자를 바라보고 있었는데, 그동안 의자를 제대로 본 적이 한 번도 없었다는 것을 알아차렸습니다. 그 이상의 무언가를 찾느라 너무 바빴던 거죠. '나' 를 위한 무언가를, 의자보다 훨씬 가치 있는 무언가를 찾느라. 나는 깨달음을, 해탈을, 깨어남을 찾고 있었습니다. 언제나 미래에서. 그래서 의자를 간과했던 겁니다.

그때 뭔가 재미있는 일이 일어났습니다. 마치 의자가 자기의 비밀을 드러낸 것 같았어요. 추구가 떨어져 나가자, 의자가 자기의 비밀을 드러낸 겁니다. 그것은 의자로 변장한 '하나임' 이었습니다! 그것은 전혀 의자가 아니었어요. 그것을 의자라는 이름으로 부르면, 우리는 그것을 볼 필요를 느끼지 못하게 됩니다. "오, 나는 알아, 그건 의자야. 나는 알아, 저건 탁자야." 하지만 그 모든 이름이 떨어져 나가면, 그것에 대해 알 수 있는 건 아무것도 없는 것과 같습니다. 그러면 그것은 의자가 아닙니다. 그것은 그것 자체입니다. 그럴 때 모든 것이 생생히 살아 있게 됩니다. 그럼에도 불구하고 우리는 여전히 그것을 의자라고 부를 수 있습니다. 우리는 여전히 일상적인 언어를 사용할 수 있습니다. 마치 아주 평범한 삶을 죽 살아왔던 것처럼 행동하고 살아갈 수 있습니다. 그렇지만, 그 이면에서는, 모든 것이 기적과 같습니다. 그것은 당신이 예상했던 것과는 완전히 다릅니다. 이것이 무엇이라고 생각하는 순간, 그것은 그저 하나의 생각에 불과합니다. 이것은 너무나 생생히 살아 있어서 결코 붙잡을 수 없고, 알 수도 없습니다.

그리고 당신은 몇몇 체험을 했죠. 당신의 책 《깨어남 너머(Beyond Awakening)》에는 어느 날 옥스퍼드에서 빗속을 걷다가, 자신이 모든 것이며 집에 돌아왔다는 것을 깨달았다는 내용이 있습니다. 이런 체험들이 더 자주, 점점 더 강하게 일어났나요?

이것을 처음 보았을 때는 정말 감동적이었습니다. 알고 보니, 비밀은 처음부터 여기에, 아주 평범한 삶의 한복판에 있었죠. 충격적이었습니다. 비범한 것은 언제나 평범한 것 속에, 가장 평범한 것들 속에 숨겨져 있었습니다. 그렇다는 것을 처음 보았을 때는 굉장히 흥분되었고 드라마틱했죠.

요즘에는 모든 것이 아주 평범해졌습니다. 아주 잔잔해졌습니다. 그것은 언제나 배경 속에 있습니다. 그리 극적이지도 않습니다. 겉으로는, 마치 모든 것이 평범한 삶 속으로 돌아간 것 같습니다.

그 당시에는 온갖 종류의 체험들이 있었습니다. 그날 옥스퍼드에서 빗속을 걷고 있을 때는 온통 사랑밖에 없었어요. 존재하는 것은 오로지 사랑뿐이었습니다. 모든 것은 사랑의 표현이었습니다. 그리고 어떤 것도 내가 나 자신이라고 여겼던 것과 분리되어 있지 않았습니다. 그때의 그런 경험은 무척 새롭고 감동적이었죠. 하지만 그 모든 것이 이제는 서서히 잦아들었고, 이제는 아주 잔잔합니다.

이러한 일들이 일어날 때 혹시 두려움을 느끼지는 않았나요?

개인이 떨어져 나가면 지금 있는 것만 있는데, 그것은 아주 분명하고 아주 명백합니다. 그것을 알 수는 없고, 그것에 대해 말할 수도 없지만, 그것은 부정할 수 없는 사실입니다.

그 뒤에 마음은 다시 돌아올 수 있습니다. 그제야 마음은 그 일에 대해 말하거나 쓰기 시작합니다. 마음은 "내가 체험했어. 그 일이 '나'에게 일어났어."라고 말합니다. 하지만 실제로는 '당신'은 전혀 거기에 있지 않았습니다. 그 일은 '당신'에게 일어난 것이 아닙니다. 마음이 다시 돌아와서 붙잡으려 하는 까닭은 두려움 때문입니다. 마음은 거기에 구조물을 지으려 노력합니다. 그래야 마음이 안전하다고 느낄 수 있기 때문입니다.

내가 질문한 이유는, 몇 년 전에 수잔 시걸이 지은 《무한과의 충돌(Collision with the Infinite)》이라는 책을 읽었는데, 그녀도 비슷한 경험을 한 것 같아서입니다. 하지만 그녀는 엄청난 불안도 경험했습니다. 그런 불안은 마음과 관련이 있는 것 아닐까요?

예, 그것은 여전히 붙잡으려고 애쓰는 마음입니다. 아마 그것은 마음이 사용하는 마지막 책략일 것입니다. 마음은 두려움이라는 책략을 사용합니다. "거기엔 뭔가 두려운 것이 있어! 거기엔 뭔가 두려운 것이 있다고!" 실제로는 두려움만 있을 뿐입니다. 두려움이 일어날 뿐입니다. 두려워할 대상은 아무것도 없습니다.

요즘에도 가끔 두려움이나 불안을 경험하십니까?

여기에서는 어떤 일이라도 일어날 수 있습니다. 두려움과 불안은, 아뇨, 더 이상 일어나지 않습니다. 하지만 중요한 점은, 이 안에서는 모든 것이 허용된다는 사실입니다. 분노, 두려움, 기쁨, 슬픔…… 모든 것이 허용됩니다. 모든 것이 올 수 있습니다. 그것은 마치 어떤 일이 정확히 그 일이 일어나는 때에 일어나도록 허용되는 것과 같습니다. 왜냐하면 거기에는 그것에 저항하고, 그것과 싸우고, 그것으로부터 정체성을 얻으려 하는 사람이 아무도 없기 때문입니다.

예를 들어, 당신의 어머니가 돌아가시면 아마 슬픔이 있을 것입니다. 해탈은 어떤 감정도 느끼지 않는 상태이며, 아무것도 없고 아무것도 당신에게 영향을 미치지 못하는 자리라고 믿는 사람들이 있습니다. 전부 헛소리입니다! 그것은 또 하나의 생각이고, 또 하나의 관념일 뿐입니다. '하나임'은 모든 것을 허용합니다. 어찌 그러지 않을 수 있겠습니까? 그것은 모든 것이기 때문입니다. 그러니 슬픔도 있을 수 있는 것이고, 슬픔이 있을 때는 슬픔이 있는 것입니다. 하지만 슬픔을 어찌하려고 애쓰는 사람은 없습니다. 그러면 재미있는 일이 벌어집니다. 슬픔은 자기의 짧은 삶을 살고 는 때가 되면 저절로 사라지는 것입니다.

그리고 그 안에서, 슬픔은 온전히 슬픔일 수 있습니다. 슬픔의 한가운데에서, 슬픔이 있지만 그럼에도 슬픔이 없다는 것을 볼 수 있습니다. 이곳은 마음이 결코 갈 수 없는 곳입니다. 슬픔은 있지만 슬퍼할 사람이 아무도 없기 때문에, 실제로는 슬픔이 전혀 없습니다. 그것을 슬픔이라 부르는 것조차, 그것을 어떤 것이라고 부를, 그것에 이름표를 붙일 사람이 있어야만 합니다.

슬픔이 있지만 동시에 슬픔이 없다는 것은 이해할 수도 없고, 말로 설명할 수도 없습니다.

분별을 하지 않는다는 거죠? 그저 그것을 지켜보는 것과 같습니까?

모든 것이 저절로 인지되고 있습니다. 조금도 힘이 들지 않습니다. 우리는 우리 자신이 보는 행위를 하고, 듣는 행위를 하고, 숨 쉬는 행위를 한다고 생각합니다. 하지만 실제로는 이 모든 일이 자연스럽게 그냥 일어나고 있을 뿐입니다. 여기에는 완전히 마음 너머에 있는 '지성(Intelligence)'이 있습니다. 마음이 이것을 파악하는 것은 불가능합니다. 그것이 심장을 뛰게 하고 있습니다. 그것이 숨을 쉬게 하고 있습니다.

인간의 몸은 복잡하고 경이로운 기계 장치죠.

그리고 사람들이 가장 받아들이기 힘든 말은, 몸에게는 우리가 필요하지 않는다는 말입니다. 몸은 우리의 추구가 필요 없고, 우리의 고통이 필요 없으며, 우리의 정체성도 필요하지 않습니다. 몸은 우리 없이도 자연스럽게 작동합니다. 그동안 배운 것들에, '무엇이 되기' 게임에 심하게 집착하는 사람이 가장 받아들이기 힘든 말은, 당신은 상관이 없다는, 당신이 없다는 말입니다.

그렇지만 그 없음은 차갑고 죽어 있고 유리되어 있는 부재(不在)가 아닙니다. 그것은 생생히 살아 있고 충만한 부재입니다. 그것은 일어나는 모든 것으로 가득한 부재입니다. 사실, 그 부재(absence)는 완벽한 현존(presence)입니다. 그래서 우리는 현존하고 있음, 지금 여기에 있음에 대해 이야기합니다. 하지만 만약 당신이 완전히 현존한다면, '당신'은 거기 없습니다. 따라서 사실 '당신'은 현존할 수가 없습니다. 그것은 '당신'이 할 수 있는 일이 아닙니다. 현존은 '당신'이 없을 때에 있습니다.

그렇습니다. 하지만 내가 알게 된 것은, 오직 현존만 있다는 사실입니다. 현존은 당신이 소유하거나 가까이 다가갈 수 있는 것이 아닙니다. 모든 것은 이미 그 현존 안에서 일어나고 있습니다. 추구하는 것도, 현존하지 않는 것조차도 가장 완벽한 현존 안에서 일어나고 있습니다. 현존이 이미 모든 것을 감싸 안고 있습니다. 현존은 아무것도 거부하지 않으며, 아무것도 반대하지 않습니다. 현존은 가장 극심한 고통마저도 완전히 허용합니다.

십자가 위 예수의 이미지에서, 우리는 인간에게 알려진 가장 극심한 고통의 한가운데에, 바로 그 한가운데에 영원이 있음을 봅니다. 영원은 고통을 도피함으로써 찾을 수 있는 것이 아닙니다. 그것은 고통의 한가운데에 있습니다. 그래서 가장 극심한 고통의 한가운데에서 고통 받는 자가 없다는 것을 볼 수 있습니다.

하지만 세상에는 많은 고통이 있는 것처럼 보입니다. 최근 우리는 텔레비전을 통해 미얀마와 중국에서 태풍과 지진 때문에 많은 고통을 겪는 것을 보았습니다. 사람들은 집과 사랑하는 사람들을 잃었고, 다친 사람들도 의료적 도움을 받지 못합니다. 그것이 당신에게 영향을 미치지는 않습니까?

그것은 미얀마에 있는 나 자신이고, 지진 속에 있는 나 자신입니다. 그것은 아프리카에서 굶주리고 있는 나 자신입니다. 둘이 아니라는 비이원성의 메시지를 듣고서, 비이원성이란 뒤로 물러앉아 아무것도 하지 않는 것이라고 오해하는 사람들이 있습니다. 그들은 거만하게 뒤로 물러앉아서 "아, 그건 그저 꿈일 뿐이고 이야기일 뿐이야. 고통 받는 사람은 아무도 없어. 그러니 뭔가를 한다고 해도 무슨 의미가 있겠어?"라고 말하는 것이 비이원성이라고 생각합니다.

사실, 여기에는 고통 받는 사람이 없으며 고통이란 그저 하나의 이야기에 불과하다는 것을 명백하게 본다면, 도움이 필요한 곳에 도움을 주는 자연스러운 행동이 뒤따를 수 있습니다. 그런데 그런 행동은 당신이 알지 못하는 곳에서 나옵니다. 그것은 알지 못함에서 나옵니다. '하나임'은 저 굶고 있는 아이의 얼굴에서 자기 자신을 알아보고는 자기 자신을 돕기 위해서 움직일 수 있습니다. 그런 행동은 연민 때문이 아니며, 좋은 사람이 되어야 하기 때문도 아닙니다. 그런 것들과는 아무 상관이 없습니다. 틀에 박힌 윤리규범에서 나오는 것도 아닙니다. 그런 것이 아니라, 모두가 하나라는 것—이것이 우주의 불가사의인데—을 봄으로써, 그것은 자기 자신을 돕기 위해 움직입니다. 왜냐하면 그것은 자기 자신만을 볼 뿐이며, 자기를 굶주리는 아이로, 지진에 희생된 사람들로 보기 때문입니다. 그래서 그것은 무엇이든 할 수 있는 일을 하기 위해 움직입니다.

또는, 움직이지 않습니다. 그것은 움직이지 않을 수도 있습니다. 어떻게 행동할지 미리 알 수는 없습니다. 그런 행동은 생각 없는 자리에서 나옵니다. 그런 행동은 내가 당신과 분리되어 있고, 당신이 고통 받기 때문에 나도 고통 받고, 내가 당신에게 연민을 느끼고, 내가 좋은 사람이 되고 싶어 하는, 그런 자리에서 나오는 것이 아닙니다. 아뇨, 우주는 그런 것들이 필요하지 않습니다. 우주는 우리의 연민이 필요하지 않습니다. 우주는 그들의 고통에 더해 우리의 고통까지 필요한 것이 아닙니다.

그것을 분명히 보는 것이 그것을 끝내는 길입니다. 그 뒤에 돕기 위한 움직임이 있을 수도 있고, 없을 수도 있습니다.

그렇다면 그러한 움직임은 어떤 형태를 취할까요?

미리 알 수는 없습니다. 돕기 위해 어떻게 해야 한다는 생각을 갖는 순간, 틀에 박힌 행동강령을 갖는 순간, 당신은 보기를 멈춥니다. 예를 들어, 만약 아마존의 열대우림을 보호하는 것이 세상에서 가장 중요한 일이라고 생각한다면, 그리고 그 생각에 몰두해 있다면, 당신은 바로 지금 도로를 건너고 있는, 지금 이 순간 당신의 도움이 필요한 아담한 체구의 노부인을 못 보고 지나칠지도 모릅니다. 그런데 무엇이 옳고 무엇이 그르다는 고정관념에 빠져서 당신이 놓칠 수 있는 저 노부인이 지금은 열대우림 전체를 합쳐 놓은 것보다도 더 중요합니다. 왜냐하면 그녀는 바로 여기 당신 앞에 있으며, 또한 당신 자신이기 때문입니다.

그래서 그것에는 어떤 체계도 없습니다. 나는 그것을 이해하지 못하며, 아무도 그것을 이해하지 못합니다. 그것은 창조의 신비일 뿐입니다. 그것은 자기 자신을 인식합니다. 그것은 어디에서나 자기 자신을 보고 있는 '신' 입니다.

그렇다면 무엇이 당신에게 동기를 부여하나요? 당신은 강연도 하고 책도 씁니다. 무엇이 당신을 계속 움직이게 하나요?

그런 일들이 어디에서 비롯되는지 정말 모르겠습니다. 그냥 그런 일들이 일어나는 것 같아요. 내 뜻대로 할 수 있는 일들이 아닙니다. 제프는 결코 이렇게 하지 못했을 겁니다. 만약 제프가 이런 일들을 일으키려고 노력했다면, 그 순간 그는 비참하게 실패하고 말았을 것입니다. 그럴듯한 말을 하려는 게 아니라, 정말 그렇게 느껴집니다. 정말 아무 노력 없이 저절로 그러는 것 같아요. 저절로 펼쳐지고 전개되는데, 그런 일이 어째서 일어나고 왜 일어나는지는 정말 모르겠지만, 그냥 그런 일이 일어나고 있습니다. 이러한 비이원성의 표현이 이 입에서 나오는 것처럼 보이는데, 그것은 언제나 놀라운 일입니다.

이전에 당신은 수줍음을 잘 타는 사람이었다고 말했습니다. 케임브리지 대학에서 천체물리학을 공부한 이유 중 하나도 사람들을 만나지 않아도 되기 때문이었다고 했죠. 그런데 여기에서는 아무 문제 없이 이야기를 잘 하고 있군요.

(웃음) 그래요, 놀라운 일이죠. 왜 그런지는 모르겠습니다. 나는 당신을 만나 자리에 앉아서 지금 얘기를 나누고 있는데, 말들이 그냥 나옵니다. 말로 표현해 보자면, 나는 가만히 앉아서 이런 말들이 나오는 것을 그저 지켜보고 있는 것 같다고나 할까요? 때로는 그런 말들을 듣고 놀라기도 하고, 때로는 내 입에서 나오는 말

에 충격을 받기도 합니다. 거기에는 "내가 어떻게 이런 말을 했지? 내가 이런 말을 했을 리는 없는데."라는 느낌이 있습니다.

우리 시대의 진정한 천재들, 아인슈타인 같은 사람들의 말을 들어 보면, 그들은 자기가 아이디어들을 만들어 낸 것이 아니라, 그들의 아이디어가 어디서인지 모르게 불쑥 나타났다고 하더군요.

그것들은 아무것도 없는 데에서 나타납니다.

당신이라는 전달 수단을 통해서.

그런데 그것은 '나'와는 아무 상관이 없습니다. 그 모든 것은 아무 노력 없이 나타나는 것 같습니다. 그것이 그것 자체에 대해 말하고 있습니다. 이것에 대해 이야기하는 데는 전혀 힘이 들지 않습니다. 왜냐하면 이야기할 만한 것이 전혀 없기 때문입니다. 여기에서 우리는 '아무것도 아닌 것'에 대해 얘기하고 있습니다. 그것은 대상이 아닙니다. 그것은 우리가 파악할 수 있는 것이 아닙니다. 이것에 대해 한 마디라도 입을 여는 순간, 우리는 이미 꿈속으로 들어와 버립니다. 그것이 한번 분명하게 보이면, 이것은 말할 수 있는 것이 아님을 한번 알게 되면, 말들은 다시 자유롭게 나타납니다. 어떻게 해서 그렇게 되는지는 묻지 마십시오. 그것들이 찾아오는 것 같습니다. 말로 표현해 보자면, 나는 가만히 앉아서 말들이 나오는 것을 지켜보며, 다음에 어떤 말이 나올지는 알지 못합니다.

많은 예술가들이 이런 일에 대해 이야기합니다. 그들이 몰입되어 있을 때, 지금 하는 행위에 온전히 몰입되어 있을 때, 예술이 난데없이 나타나고, 스스로 이루어지며, 아무것도 없는 데에서 생겨납니다. 그것은 마치 우리가 창조와 파괴의 지점에 있는 것 같은데, 그 모든 일은 지금 일어나고 있습니다. 이것은 창조이자 파괴이며, 그것은 알 수 없는 것입니다.

그리고 알 수 없다는 것이 그것의 아름다움입니다. 만약 그것이 이해될 수 있다면, 그것은 하나의 대상일 것입니다. 그것은 하나의 개념일 것입니다. 하지만 이것은 그저 순수한 모름입니다. 그리고 추구가 사라진 곳에서 불가사의한 신비가 스스로 드러납니다. 대화 속에서만이 아니라 모든 것에서. 이 꽃들 속에서, 그리고 이 마룻바닥, 이 의자, 이 탁자에서. 그것은 모든 것입니다. 모든 것이 불가사의한 신비입니다.

그것은 아무것도 없는 것(nothing)에서 나온 어떤 것(something)입니다. 이런 일이 일어나고 있다는 바로 그 사실, 이것이 기적입니다.

수학적인 관점에서 보자면, 우리 지구가 지금 있는 상태에서 아주 조금만 달라졌더라도 인간의 삶을 유지할 수 없었을 겁니다. 모든 것의 미묘한 균형, 이것이 바로 우리가 잊고 있는 것 가운데 하나겠죠. 당신의 말을 들으면서 느끼는 점은 이겁니다. 즉, 모든 일은 그냥 일어날 뿐이고, 우리는 왜 그런 일이 일어나는지 모르지만, 원래 그런 법이라는 거죠. 그리고 과거에 당신 안에서 어떤 전환이 일어났는데, 겉으로는 별 차이가 없어 보일지 모르지만 아주 중요한 사건이었다는 것입니다. 그때 당신은 모든 것이 얼마나 이해하기 어렵고 미묘하며 좋은 것인지를 깨달았죠.

그것이 얼마나 소중한 것인지도.

그렇습니다.

그리고 우리가 무언가를 추구하느라, 더 나은 사람이 되기를 추구하느라 그것과 얼마나 멀리 떨어지게 되었는지도. 삶의 한복판에 있는 소중한 것. 언제나 거기 있는 소중한 것. 우리는 그것을 간과했습니다. 우리는 무언가를 추구하느라 너무나 바빴습니다.

실제로는 나에게 아무 일도 일어나지 않았습니다. 아무것도 변하지 않았습니다. 여전히 평범한 삶이 살아지고 있습니다. 단지 그 삶을 사는 사람이 없을 뿐입니다. 삶이 살아지고 있습니다. 삶이 스스로 살아가고 있습니다. 그것은 분리된 사람처럼 보이는 모습으로 연극을 하고 있는 '하나임' 입니다. 본질적으로는 당신과 나 사이에 아무런 차이가 없습니다. 그것은 이 눈을 통해서 밖을 내다보는 '하나임' 이자 저 눈을 통해서 밖을 내다보는 '하나임' 입니다. '하나임' 은 어떤 것을 더 선호하지 않습니다. '하나임' 은 이 눈을 통해 보고 이 귀를 통해 들을 때나, 저 눈을 통해 보고 저 귀를 통해 들을 때나 동등하게 행복합니다.

우리를 분리시키는 것처럼 보이는 것은 오로지 '나' 의 이야기 뿐입니다. 하지만 그런 이야기는 너무나 허약해서 쉽게 허물어질 수 있으며, 그러면 오로지 현존만 남습니다. 그것은 모든 것의 한가운데에 있는, 어지러운 인생의 한복판에 있는 기적입니다. 그리고 그것을 보게 되면 충격을 받게 됩니다. 왜냐하면 그것은 모든 추구를 파괴하여, 당신으로 하여금 여기에서 완전히 현존하며 완전히 부재하게 하기 때문입니다.

사람들은 길을 잃은 채 헤매고 있습니다. 한편으로는 참 슬프면서도 다른 한편으로는 어떻게 그럴 수 있는지 놀라운 일입니다.

하지만 그럴 수밖에 없을 것입니다. 고통과 추구가 있는 이유는 '이것'을 우리에게 보여 주기 위해서인지도 모릅니다. 잘못된 것은 아무것도 없을지 모릅니다. 그것의 소중함과 허약함에도 불구하고, 태초부터, 잘못된 것은 아무것도 없을지 모릅니다.

이것…

한 여성과 얘기하고 있습니다. 그녀는 자신이 열망하는 꿈에 대해 얘기하는 중입니다. 그녀의 꿈은 언젠가 바닷가에 있는, 아침 식사를 제공하는 작은 호텔을 구입하여 운영하는 것입니다. 꿈을 얘기할 때 그녀의 눈에 눈물이 맺히는 것을 나는 알아차립니다. 내 눈에도 눈물이 맺히는 것을 알아차립니다. 마치 저기에서 일어나는 일이 여기에서 거울에 비치듯 반영되는 것 같습니다. 아무것도 방해하는 것이 없습니다. 그래서 여거에는 타인에 대한 완전한 열려 있음, 나타나는 모든 것을 환영하는 열린 공간만이 있습니다. 그녀의 눈에서 눈물이 흘러내리고, 내 눈에서도 눈물이 흘러내립니다. 무슨 차이가 있을까요?

여기에 아무도 없으면, '당신'을 가로막을 것은 아무것도 없습니다. '내'가 없으니, 분리되어 있는 '당신'도 없습니다. 단지 목소리들, 얼굴들, 흘러내리는 눈물이 있거나, 아니면 없을 뿐입니다. 지금 일어나는 일뿐입니다. 지금 일어나는 일이 모든 공간을 채웁니다. 저 여성이 그녀의 꿈을 이야기할 때, 나는 그녀가 됩니다. 나는 바닷가에 있는, 아침 식사를 제공하는 작은 호텔을 간절히 갖고 싶어 합니다. 그것은 내가 진심으로 원하는 소망입니다. 나는 가슴 깊이 그 갈망을 느끼며, 눈물이 흘러내립니다.

텔레비전을 보고 있습니다. 상금이 걸린 퀴즈 프로입니다. 한 남자가 방금 거액의 상금을 받았습니다. 그는 그 돈으로 가족과 함께 휴가를 보내겠다고 말합니다. 이제까지 한 번도 휴가를 가보지 못했다고 합니다. 남자는 웃고 소리치며 기쁨의 눈물을 흘립니다. '이것'이 웃고 소리치며 기쁨의 눈물을 흘립니다. 우리는 조금도 분리되어 있지 않습니다. 아, 저희 가족이 안다면 정말 행복해할 것입니다.

굶주리는 사람들의 영상이 텔레비전에 나옵니다. 소말리아의 어린 소녀, 움푹 팬 눈에 꼬챙이 같은 팔, 뼈와 가죽만 남은 소녀가 카메라를 응시합니다. 저 불쌍한 아이를 가로막는 것은 아무것도 없습니다. 내가 바로 그 아이입니다. 내가 나 자신을 응시하고 있습니다. 그녀가 내게 들어오고, 모든 것이 그 자신을 치유합니다.

기차를 타고 있습니다. 덩치 큰 대머리 남자가 이유 없이 내게 고함을 지르기 시작합니다. 그는 술에 취한 것 같습니다. 그가 움켜쥔 주먹을 흔들어 댑니다. 얼굴은 분노로 벌겋게 달아올랐습니다. 내가 바로 그 남자입니다. 나는 분노와 폭력성을 느끼고, 그 밑에서는 불안과 두려움, 위축감을 느낍니다. 자신을 분리된 개인으로 여길 때 따라다니는 감정들입니다. 나는 이 남자였습니다. 나는 지금 이 남자입니다. 그는 12월 23일 브라이튼 행 기차에서 나를 만나기 위해 다가오는 나 자신입니다.

그 뒤 그 여성은 바닷가 작은 호텔에 대한 꿈 이야기를 멈춥니다. 눈물은 깨끗이 지워졌고, 기억에서 사라졌습니다. 모든 것이 깨끗이 지워졌고, 그것은 다시 시작됩니다.

퀴즈 프로가 끝나자 나는 텔레비전의 채널을 돌립니다. 이제는 쇼핑 채널이며, 웃음과 기쁨, 돈과 가족은 깨끗이 지워졌습니다. 지금은 오로지 상품 번호 176387에게 매료되었을 뿐인데, 그 색상이 얼마나 아름다운지요! '그것'은 쇼핑 채널에 몰두하고, 퀴즈 프로는 흔적도 없이 사라집니다. 퀴즈 게임이 백만 년 전에 벌어졌든 어쨌든 내 알 바 아닙니다. 이것이 모든 것을 대신합니다.

　　초인종이 울립니다. 나는 굶주리는 소녀의 영상을 뒤로하고 현관을 향해 걸어갑니다. 문 앞에는 친구가 서 있습니다. 굶주리는 소녀는 깨끗이 지워지고, 친구가 소녀를 대신합니다. 이것의 아름다움은, 그것은 모든 것이자 아무것도 아니라는 사실입니다. 그것은 어떤 특정한 것이 아닙니다. 하나가 다른 하나를 대신하며, 다음에 무엇이 올지는 알 수가 없습니다. 친구가 죽어 가는 소녀를 대신하고, 동생이 친구를 대신하고, 가게 주인이 동생을 대신하고, 고양이가 가게 주인을 대신합니다. 그것은 '알지 못하는 것'으로부터 천진하게, 놀아하듯이, 끊임없이 나옵니다.

　　화가 난 남자를 뒤로하고 걸어갑니다. 분노는 즉시 사라집니다. 마치 일어난 적도 없는 것처럼. 다른 무엇이 그 자리를 대신합니다. 다음에는 다른 무엇이. 다음에는 다른 무엇이. 여기에는 온 세상이 들어가도 될 만큼 넉넉한 공간이 있습니다. 기쁨, 분노, 두려움, 슬픔, 웃음, 눈물. 모든 것이 여기에서는 환영받습니다.

　　나는 더 이상 삶을 가로막을 길이 없습니다. 왜냐하면 여기에는 아무도 없고, 오직 가공되지 않은, 편집되지 않은, 검열되지 않은,

걸러지지 않은 경험만이 있기 때문입니다. 그것은 '경험'이라고 부를 수조차 없습니다. 여기에는 어떤 것을 경험할 사람이 아무도 없기 때문입니다. 오직 '이것' 뿐이며, '이것'은 누구에게 일어나는 것이 아닙니다. 아무도 눈물을 흘리지 않고, 아무도 분노를 느끼지 않고, 아무도 텔레비전을 보고 있지 않습니다.

하지만 그것은 텅 빈 허공이 아닙니다. 그것은 끊임없이 삶으로 채워지는 공간입니다. 바닷가의 작은 호텔을 원하는 여성으로, 굶주리는 소녀로, 문 앞에 서 있는 친구로. 당신은 내게 없는 견고함을 제공합니다. 시간과 공간이라는 이야기는 여기에선 무의미하지만, 당신은 나를 위해 그 이야기를 계속합니다. 여기에는 아무도 없는데, 당신이 화면 속에 들어오고, 갑자기 "여기에는 아무도 없어."라는 말은, 다른 관념들처럼, 진실하지 않은 말이 됩니다.

당신이 없다면, 지금 있는 모든 것 말고 또 무엇이 더 있겠습니까?

목격자가 목격되는 모든 것과 하나 될 때, 자각이 자각되는 내용물과 하나 될 때, 남아 있는 것은 오로지 지금 일어나는 일에 대한 깊고 완전한 매혹뿐입니다.

3
오직 이것뿐

아무것도 당신의 것이 아닐 때, 모든 것이 당신의 것입니다.
이것이 투쟁의 끝입니다.

당신이 아무것도 아닐 때, 당신은 또한 모든 것입니다.
이것이 모든 추구의 끝입니다.

오직 '이것'만 있습니다.

오직 지금 일어나고 있는 일만 있습니다.

개인에게는

이 말이 몹시 낙담하게 하는 말이 될 수 있습니다.

하지만 제대로 듣는다면

이 말은 폭발적으로 자유롭게 합니다.

· · ·

해탈 속에서, 삶은 계속됩니다.

단지 당신이 더는 거기에 있지 않을 뿐입니다.

삶이 스스로 살아갑니다.
언제나 그랬던 것처럼.

. . .

그것은 의자에 앉아 있는 개인으로부터
의자에 앉아 있는 일이 그저 일어나고 있음으로의 전환입니다.

거리를 걸어 내려가는 개인으로부터
거리를 걸어 내려가는 일이 그저 일어나고 있음으로의 전환입니다.

자신의 삶을 살아가는 개인으로부터
삶이 그저 일어나고 있음으로의 전환입니다.

이 전환은 시간 속에서 일어나는 일이 아닙니다.
사실, 그 일은 이미 일어나고 있습니다.

. . .

이 글을 읽고 있는 존재가 바로 이 글을 쓴 존재입니다.

이 문장 속에 모든 것에 대한 해답이 담겨 있습니다.

. . .

어떤 일이 벌어질지 모른다는 것은
얼마나 멋진 일인가요?

삶이 당신을 깜짝 놀라게 하도록 놓아두는 것은.

과거가 깨끗이 지워진 채,
갓 태어난 아이처럼 매일 아침 깨어나는 것은.

모든 일은 정확히 일어나야 하는 대로
일어날 것임을 아는 것은.

아침에 침대 밖으로 나와서
이를 닦고 옷을 입고
신선한 공기 속으로 걸어 나가는 것보다

더 고귀하거나 영적이거나 숭고한 일은

없음을 아는 것은.

이해할 것이 아무것도 없음을 이해하는 것은.

매일, 매 시간, 매 순간을 살면서

그때가 언제나 당신의

마지막 날, 마지막 시간, 마지막 순간임을 아는 것은.

그리고 그 마지막 날이 또한 최초의 날이며

마지막 순간이 최초의 순간임을 아는 것은.

모든 작은 것들 하나하나 안에서 현존을 보는 것은.

세상을 바라보면서,

아무 이름 없이 당신에게 되비치는

사랑만을 보는 것은.

. . .

사람들은 가끔 묻습니다. "제프, 그게 당신한테는 어떤가요? 깨어 있는 것은 어떤가요? '하나임'의 자리에 있는 것은 어떤가요?" 나는 이런 질문들에 대답할 수가 없습니다. 그런 것들이 어떤지를 모르기 때문입니다. 그런 질문들은 모두가 어떤 개인을 향한 질문인데, 여기에는 그런 개인이 없습니다. 깨달음? 깨어남? 하나임? 그것은 모두 개인을 위한 것입니다. 여기에 아무도 없다면, 여기에는 깨달을 사람도 없고, 깨어날 수 있는 사람도 없으며, '하나임'이라는 것에 대해 뭔가를 알 수 있는 사람도 없습니다.

한편, 여기에서 무언가가 바뀌었음을 부정한다면 그것도 우스운 일일 것입니다. 오래전, 분리되어 있고 완고하고 불행했던 작은 자아가 있었습니다. 그 자아는 자기 자신을 싫어했고, 세상을 두려워했으며, 생각을 멈출 수 없었고, 마음이 너무 활동적이어서 밤에 잠을 잘 수가 없었습니다. 이제는 그 모든 것이 사라졌습니다. 하지만 어떤 것도 그 자리를 차지하지는 않았습니다. 제프가 불행했다가 이제는 행복한 것이 아닙니다. 그것은 근사한 이야기이지만, 해탈과는 아무런 상관이 없습니다. 그래요, 요즘의 삶은 가볍고 놀이 같고 춤추는 것 같고 전혀 심각하지 않습니다. (사실 이런 말들은 그것을 담아 내지 못합니다.) 그러나 "제프는 행복해."라고 말한다면, 그것은 끔찍하게도 다시 이원성 속으로 떨어지는 일이 될 것입니다. "제프는 행복해."와 "제프는 불행해."는 함께 일어나고 함께 사라집니다. 하나가 사라지면, 다른 하나 역시 사라집니다. 그리고 둘 다 사라지면, 당신은 자신이 누구인지 또는 무엇인지 알 길이 없습니다.

그것은 완전한 자유입니다. 무엇이든 될 수 있는 자유. 이것일 수 있는 자유. 저것일 수 있는 자유. 행복할 수 있는 자유. 슬퍼할 수 있는 자유. 정확히 자기 자신일 수 있는 자유. 그것은 실천이 아닙니다. 그것은 진정한 자기 자신이 되기 위해 애쓰는 것이 아니고, 지금 일어나는 일과 하나 되기 위해 애쓰는 것이 아닙니다. 그런 것이 아닙니다. 떨어져 나가는 것은 애씀과 노력, 축소입니다.

제프가 전에는 우울했고, 지금은 우울하지 않은 걸까요? 아뇨, 떨어져 나간 것은 내가 (우울하거나 우울하지 않은) 제프라는 느낌입니다. 떨어져 나간 것은 분리된 개인이라는 느낌입니다. 하지만, 여기가 매우 역설적으로 보이는 부분인데, 제프라는 등장인물의 성격과 기질은 없어지지 않습니다. 이 등장인물의 성격과 기질은 계속해서 작용합니다. 해탈은 성격과 기질을 잃어버리거나 개성을 잃어버리는 것이 아닙니다. 해탈은 개성이 없어지거나, 뒤로 물러나 삶에 무관심해지는 것이 아닙니다(그것은 영적인 추구에서 빠지기 쉬운 함정입니다). 아뇨, 이 자유의 일부분은 등장인물 역시 풀려나는 것입니다. 등장인물은 풀려나서 마침내 그 자신이 되도록 허용됩니다. 아무런 제약이 없습니다.

질문들이 주어지면, 여기에서는 응답이 나옵니다. 그것은 등장인물의 활동입니다. 어떤 사람이 "제프, 적포도주와 백포도주 가운데 어떤 것을 더 좋아하나요?"라고 물으면, 자주 나오는 대답은 "백포도주요."입니다. 선호하는 것들은 계속 작용합니다. 아무 근거 없이 그것은 "백포도주요."라고 말합니다. 그리고 누가 거리에서 "제프!" 하고 부르면, 고개를 돌리고 입가에 미소를 지으며 여기에서 무언가가 "안녕!" 하고 말합니다. 그것도 불가사의한 신비의 일부입니다. 여기에 아무도 없는데, 여기에 누가 있습니다. 이것은 그런 개념적 위치들에 담길 수가 없습니다.

나는 "여기에는 자아가 없다."거나 "나는 에고가 없다."고 말하면서 돌아다니지 않을 것입니다. 왜냐하면 그렇게 말하기 위해서는 그 자신에 대해 무언가를 아는 자아가, 에고가 여기에 있어야 하기 때문입니다. '나'라는 기준점이 떨어져 나가면, 당신은 자기 자신에 대해 아무것도 말할 수 없습니다. 그럼에도 불구하고 말은 나오겠지만, 그 말들은 이제 당신의 말이 아닙니다. 그것은 마치 말과 언어의 수준에서는 계속 기능하지만, 말과 언어에 얽매이지는 않는 것과 같습니다. 말을 사용하지만, 말을 믿지는 않습니다. 그래서 당신이 내 이름을 물으면, 내가 또는 무언가가 "제프입니다." 하고 대답합니다. 그렇게 단순합니다. 바로 거기에서, 평소 일상적으로 주고받는 상호작용에서, 기적이 빛나고 있습니다. 그것을 보기 위해 인도로 날아가거나 다음 30년 동안 명상할 필요는 없습니다. 그것은 이미 일어나고 있기 때문입니다.

· · ·

내가 영적 수행을 포기한 것이 아닙니다. 명상을 하려고 앉아 있는 존재가, 동네 술집에서 맥주 한잔 하려고 앉아 있는 존재와 동일하다는 것을 깨닫자, 그런 수행이 제때에 저절로 떨어져 나갔을 뿐입니다. 명상하기 위해 앉아 있는 사람도 이미 없고, 맥주를 마시는 사람도 이미 없습니다. 예전에는 나도 명상을 하는 것이 맥주를 마시는 것보다 더 '고귀' 하거나 더 '영적' 이라고 믿었습니다. 하지만 모든 행위가 충격적일 만큼 평등하다는 것을 보게 되자, 그런 분별적인 관념들은 완전히 사라졌습니다. 그러자 명상이 저절로 떨어져 나갔고, 자기탐구는 쓸모가 없어졌습니다.

그래서 요즘에는 명상에 관심이 없고, 현존을 실천하는 일에도, 고요함이나 다른 무엇과 접촉하는 일에도 관심이 없습니다. 삶은 지금 이대로 언제나 충분합니다.

물론, 당신이 영적인 수행법을 원한다면, 하나 알려 드릴 수 있는데……

오, 이런, 이미 수행을 하고 계시군요.

• • •

이렇게 살아간다면, 세상에서 어떻게 생활할 수 있을까요? 당신은 어떻게 살아가나요?

이것은 물을 필요가 없는 질문입니다. 어떻게든 그것은 그 자신을 잘 돌봅니다. 어떻게든 모든 일이 이루어집니다. 그것은 아침에 일어나서, 옷을 입고, 배가 고프면 음식을 먹습니다. 나는 지금 일어나고 있는 것에서 나 자신을 분리할 수가 없습니다. 지금 일어나고 있는 것이 나 자신입니다. 이 말은 여기에 어떤 개인도 없음을 표현하는 또 하나의 방식입니다.

그럼에도 불구하고 제프 포스터라는 등장인물과 성격은 계속 해서 활동하며 그의 삶을 살아가는데, 그것은 커다란 선물입니다. 모든 의문은 저절로 떨어져 나갑니다. 나는 어떻게 삶과 관계할 지를 자신에게 묻지 않습니다. 그 질문은 이제 내게 아무런 의미 가 없기 때문입니다. 오직 스스로 펼쳐지는 삶만이, 오직 한없는 넓음만이, 오직 '모든 것'으로 있는 게임을 하고 있는 '아무것도 아닌 것'만이 있습니다.

  물론, 이런 말들은 그것을 건드리지도 못합니다. 그것은 말로는 결코 표현할 수 없는 친밀함입니다. 호흡과 친밀하고, 심장 박동 과, 몸과, 의자와, 탁자와, 나무와 꽃들, 모든 것과 원래 친밀한 것 입니다. 그것은 모두 나의 것이며, 동시에 그 어느 것도 나의 것이 아닙니다. 그리고 이 표면적인 역설은 '지금 있는 것'이라는 절대 적인 단순함 속으로 사라집니다.

  목숨을 구하려면 목숨을 잃어야 한다고 예수는 말했습니다. 모 든 것을 잃었을 때, 질문이 더 남아 있지 않을 때, 모든 추구가 떨 어져 나갈 때, 당신에게는 그 모든 것의 불가사의한 신비만 남게 됩니다. 모든 것이 깨끗이 씻겨 나가고, 당신은 어린아이의 눈으 로 언제나 난생처음 보듯이 세상을 바라봅니다. 그리고 무한히 다양하게 변장한 겉모습들 속에서 오직 사랑만을 봅니다.

정말로 거기에 아무도 없다면, 누가 당신의 이름을 물었을 때 "제프입니다."라고 대답하는 것은 거짓말 아닌가요?

극장에 가서 연극하고 있는 배우를 보며 배우의 거짓말을 비난하는 사람은 없습니다. 그는 정직하고 진실하게 왕을 연기하고, 가난뱅이를 연기하고, 영적인 구도자를 연기하고 있습니다. 그가 제프도 연기하고 있습니다. 연극에서 누가 등장인물에게 "당신은 누구입니까?"라고 물으면, 그 등장인물은 "제프입니다."라고 대답합니다. 이것은 더할 나위 없이 정직한 대답입니다. 이것은 아무것도 아닌 것(nothing)이 모든 것(everything)으로서 연기하고 있는 것입니다. 이것은 '아무도 아닌 자(nobody)'가 '어떤 사람(somebody)'으로서 연기하고 있는 것입니다. 해탈에서는 아무도 아닌 자와 어떤 사람은 둘이 아닙니다. 그런 이분법적 관념들은 사라지고, 지금 일어나는 일을, 이 연극을 보며 놀라워할 뿐입니다.

그러니 "당신의 이름은 무엇입니까?"라고 물으면, 이것은 "제프입니다."라고 대답합니다. 여기에는 전혀 모순이 없습니다. 이것은 더 이상 세상과 전쟁을 벌이지 않습니다.

그리고 연극은 계속됩니다.

• • •

"나는 제프입니다." "나는 제프가 아닙니다."
같은 말입니다.

여기에는 아무도 없습니다. 하지만 당신이 여기를 바라보면서
"당신의 이름은 무엇입니까?"라고 물으면, 여기에서 무언가가
"제프입니다."라고 대답합니다.

"누가 대답하는가?" 오직 이 질문이 있을 뿐입니다. 이 질문에
응하는 대답은 일어나지 않고, 그래서 질문은 '근원'으로 돌아가
사라집니다.

"당신의 이름은 무엇입니까?" '근원'이 자기 자신에게 묻습니
다. 실제로는 아무 일도 일어나지 않습니다.

· · ·

어제 무슨 일을 했느냐는 질문을 받으면, 어제에 관한 이야기를 해 줍니다. 물론, 어제는 없습니다. 어제는 지금 일어나고 있는 이야기입니다. 내일도 지금 일어나고 있는 이야기입니다. 그럼에도 불구하고 그런 질문을 받으면, "어제는 이야기일 뿐이죠. 그러니 당신의 질문은 무의미해요."라는 대답이 아니라, "수영하러 갔어요. 당신은 무엇을 했나요?"라는 대답이 나옵니다. 질문에 응하기 위해 대답이 일어납니다. 자연스럽게 이야기가 이야기를 만납니다. 이 친밀함은 어떤 것도 거부하지 않습니다.

· · ·

아주 단순합니다. 나는 아무것도 바라지 않습니다. 무슨 일이 일어나든 좋습니다.

이 일이 일어나도, 좋습니다. 저 일이 일어나도, 좋습니다. 무슨 일이 일어나든 문제가 되지 않습니다. 그것이 자유입니다. 그것은 영화를 보는 것과 같습니다. 주인공에게 일어나는 일이 정말로 문제가 됩니까? 당신이 영화에 몰두해 있다면, 그렇습니다. 하지만 그 영화가 단지 영화일 뿐임을 깨닫는다면, 그것은 문제가 되지 않습니다. 왜냐하면 등장인물은 실제로는 죽지 않고, 실제로는 절벽에서 떨어지지 않으며, 실제로는 아무것도 하지 않기 때문입니다.

그것이 '모든 것'으로 나타나는 '아무것도 아닌 것'의 역설입니다. 아무 일도 일어나지 않지만, 모든 일이 일어납니다. 아무것도 중요하지 않지만, 모든 것이 중요합니다. 그런데 실제로는 역설도 없으며, 오로지 바로 지금 일어나는 삶의 단순함뿐입니다. 호흡, 심장 박동, 방 안에서 들리는 소리들, 몸 안의 감각…… 그뿐입니다. 끝.

• • •

화장실에 앉아 있는 것, 한 잔의 차를 준비하는 것, 빗속을 산책하는 것이 가장 영적인 일이라는 것을 보게 되면, 모든 일은 끝이 납니다.

그리고 궁극적으로는, 그래요, 당신이 묻기 전에는, '하나임' 조차 또 하나의 관념일 뿐입니다.

· · ·

    탁자 맞은편에 앉아 있는 내 여자 친구를 바라봅니다. 그렇게 말하긴 했지만, 물론 그녀는 전혀 '내 것'이 아닙니다. 여기에는, 다른 사람은 말할 것도 없고 어떤 것이든, 소유할 수 있는 사람이 전혀 없습니다. 맞은편에도 소유될 수 있는 사람이 전혀 없습니다. 그녀는 나의 이야기이고, 나는 그녀의 이야기입니다. 그녀는 내 꿈속의 등장인물이고, 나는 그녀 꿈속의 등장인물입니다. 탁자 맞은편을 바라봅니다. 차를 마시는 아가씨가 보입니다. '내 여자 친구'는 하나의 이야기에 불과합니다. 저기에 실제로 무엇이 있습니까? 바로 지금, 차를 마시는 아가씨가 있을 뿐입니다. 예, 지금은 이것이 있는 모든 것입니다. '우리의 관계'라고 불리는 이 물건이 어디에 있습니까? 내가 발견할 수 있는 것은 지금 일어나고 있는 일이 전부입니다. 청년과 아가씨가 함께 차를 마시고 있습니다.

    그조차도 아닙니다. "청년과 아가씨가 차를 마시고 있다."는 것조차 하나의 이야기입니다. 오직 이것뿐입니다―호흡, 심장 박동, 소리, 색깔, 달그락거리는 찻잔, 따뜻한 차, 목소리, 빛, 온기들. 이것이 있는 모든 것입니다. 그리고 이 가운데 우리를 갈라놓을 수 있는 것은 아무것도 없습니다. 살다 보면 '관계'라고 불리는 것이 우리 사이에 자주 끼어들어서, 분리된 두 사람과는 아무 상관이 없는 친밀함을 흐려 버립니다. 그것은 마치 우리 둘 사이에 제3자가 맴도는 것과 같습니다. 나, 당신, 그리고 '우리의 관계'. 우리가 원하는 것들, 우리가 필요한 것들, 서로에게 기대하는 것들.

그 모든 것이 떨어져 나가면 어떤 일이 벌어질까요? 과거의 모든 잔재가 무의미해지면 어떤 일이 벌어질까요? 그러면 오직 이 것뿐입니다—저기 앉아 있는 아가씨, 차를 마시는, 얘기하는, 그리고 그녀의 이야기는 이쪽을 향하고 있습니다. 더할 나위 없이 단순합니다. 이보다 덜 복잡할 수는 없습니다. 왜냐하면 그녀는 내 것이 아니고, 여기에는 지켜야 할 '관계'가 없기 때문입니다. 아무것도 걱정할 것이 없고, 아무것도 붙잡아야 할 것이 없습니다. 소유한다는 의식은 전혀 없습니다.

그녀는 내 것이 아닙니다. 그래서 나는 그녀의 진짜 정체를 더 없이 분명하게 볼 수 있습니다. 우리 사이에는 방해하는 것이 전혀 없습니다. 그래서 이 차를 마시면서, 이 순간을, 여기에 있는 전부인 이 순간을 함께 즐기면서 정말로 귀 기울여 듣고, 정말로 보고, 그냥 여기에 존재할 공간이 있습니다.

그녀는 내 여자 친구가 아닙니다. 그래서 오직 조건 없는 사랑만이 있습니다. 얼마나 믿을 수 없을 만큼 소중한지요. 얼마나 믿을 수 없을 만큼 단순한지요.

그리고 그 안에는 얼마나 큰 자유가 있는지요! 여기에는 우리를 함께 하도록 강제하는 것이 아무것도 없습니다. 우리 둘에게는 언제든 떠날 수 있는 절대 자유가 있습니다. 하지만 우리는 아직 떠나지 않았습니다. 그녀에게는 떠날 수 있는 절대 자유가 있지만, 아직 떠나지 않았습니다. 그런 그녀를 볼 때마다 나는 늘 놀라워합니다. 어쩌면 어느 날 그녀는 떠날지 모릅니다. 어쩌면 어느 날 내가 떠날지도 모릅니다. 어쩌면 내일이 그날일지도 모릅니다. 미래에 어떤 일이 일어날지 누가 알겠습니까? 하지만 지금은 맞은편에 아가씨가 앉아서 차를 마시고 있고, 남아 있는 것은 그녀가 여기에 있다는 데 대한 단순한 감사입니다. 그녀는 (자유로우므로) 여기에 있지 않아도 되지만, 여기에 있습니다. 나는 (자유로우므로) 여기에 있지 않아도 되지만, 여기에 있습니다.

그녀는 저기 앉아서 차를 마시며, 그녀의 하루에 대해 얘기하는 아가씨입니다. 그 모든 것이 아주 천진합니다. 그중 어느 것이라도 소유하고 싶은 욕망은 없습니다. 그것은 그것 자체이며, 그것으로 충분합니다. 이런 은총이 이미 여기 있는데, 누가 '관계'를 필요로 하겠습니까?

그럼에도 불구하고, 만약 당신이 묻는다면, 나는 그녀가 '내 여자 친구'라고 대답할 것입니다. 그것이 앞에서 말한 모든 것을 간단하게 전달하는 방법입니다.

• • •

눈을 뜨고, 나는 비행기 창밖을 내다보고 있습니다. 런던 개트윅 공항이 거기 있고, 나는 그것입니다. 눈을 감았다 뜨니, 런던은 사라지고 암스테르담이 있습니다. 나는 암스테르담이 되며, 이 비행기는 어디에도 간 적이 없습니다. 풍경이 바뀌었을 뿐입니다.

이름이 없다면, 아무 일도 일어나지 않습니다. 이름이 없다면, 오직 비행기 엔진 소리, 비행기가 급강하할 때 뱃속에서 느껴지는 이상야릇한 느낌, 내 어깨 위에 놓인 여자 친구의 머리, 그녀의 부드러운 숨결, 그리고 개트윅 공항, 스키폴 공항, 샤를 드골 공항으로 하강할 때 앞에 앉은 커플이 게운 토사물에서 나는 희미한 냄새가 있을 뿐입니다.

걸러지지 않은 날것의 경험은 시간이 없습니다. 런던이 나타나더니 흔적도 없이 사라집니다. 암스테르담이 나타나고 사라집니다. 캘리포니아가 맨체스터 속으로 사라집니다. 그것은 도착해서 잠시 머물다가 짐을 꾸려 떠납니다.

"신사 숙녀 여러분, 저희는 아무 데도 아닌 곳으로 하강 중입니다. 테이블을 제자리에 올려 주시기 바랍니다." 나는 다시 창밖을 내다봅니다. 완전한 고요 속에서, 비행기 날개가 구름을 가릅니다.

우리는 결코 떠나지 않으며 도착하지도 않습니다. 8시간의 비행기 여행조차 당신을 고향집에서 1센티미터도 벗어나게 할 수 없습니다.

・ ・ ・

나는 누구인가?
'나'는 무엇인가?

평생을 찾는다 해도, 결국 발견하는 것은 일인칭 단수 대명사입니다.

당신은 "나아아아아."라는 소리를 발견할 것입니다.
당신은 '나'라는 생각을 발견할 것입니다.

하지만 그 뒤에는 아무것도 없습니다.
그리고 그것이 바로 해탈입니다.

· · ·

당신이 이해하려 애쓰는 삶은
그것을 이해하려 애쓰는 '당신'과 동일합니다.

· · ·

해탈이란 '이것' 안에서 편히 쉬는 것입니다.

· · ·

자유는 원하는 것을 갖는 데 있다고, 우리는 생각합니다.

그러나 당신이 어떤 것을 갖는 순간, 가진 것을 잃어버릴지 모른다는 불안감이 있게 됩니다.

참된 자유는 모든 것을 잃어버리는 것입니다.
아무것도 가지고 있지 않다면, 잃어버릴 것이 아무것도 없기 때문입니다. 이것이 두려움의 끝입니다.

아무것도 당신의 것이 아닐 때, 모든 것이 당신의 것입니다.
이것이 투쟁의 끝입니다.

당신이 아무것도 아닐 때, 당신은 또한 모든 것입니다.
이것이 모든 추구의 끝입니다.

· · ·

내가 어떤 생각이나 말을 하는 순간, 그 생각이나 말의 정반대도 역시 진실일 수 있다는 것을 압니다. 그러면 반대되는 것들은 더 이상 다투지 않습니다. 그러면 그것들은 서로를 위협하는 대신에 서로를 보완합니다. 그러면 당신은 반대되는 것들을 가지고 놀 수 있습니다.

그러면 삶은 재미있는 놀이가 되며, 말들은 더 이상 적이 아닙니다.

· · ·

"어떻게 살아야 할까요?" 이것은 언제나 잘못된 질문입니다. 삶이 어떻게 하는지를 가만히 지켜보십시오.

"하지만 그러면 나태하고 수동적으로 살게 될 겁니다!" 당신은 말합니다. 글쎄요, 내가 보기에는, 행동이 자연스럽게 일어납니다. 삶이 숨을 쉽니다. 삶이 움직입니다. 삶이 침대 밖으로 나옵니다. 삶이 이를 닦습니다. 삶이 계획하거나 계획하지 않습니다. 삶이 얘기하거나 얘기하지 않습니다. 삶이 여행하거나 여행하지 않습니다. '불가사의'는 자기의 길이 있습니다. 그 모든 것과 열렬한 사랑에 빠지십시오. 아니면, 빠지지 마십시오. 어느 쪽이든 '불가사의'는 '불가사의'로 남습니다.

추구하는 사람이야말로 수동적인 사람입니다.

· · ·

과거에는 '목적'이라는 것을 갖는 것이 매우 중요하다고 생각했습니다. 그래서 이 목적을 발견하려 애쓰며 몇 년을 보냈습니다. 그러다 보니 몹시 불행해졌습니다. 다른 사람들은 다들 목적을 갖고 있는 것 같았는데, 나는 나의 목적을 찾을 수 없었습니다.

삶은 목적이 필요하지 않다는 것을, 아무 목적 없이 지금 드러나는 모습이 바로 삶의 목적이라는 것을 보는 것은 얼마나 멋진 일인지요. 음악이 목적을 가지고 있나요? 저녁노을이 목적을 가지고 있나요? 춤이 목적을 가지고 있나요? 그것의 목적은 듣는 데, 보는 데, 춤추는 데 있습니다. 삶은 의미가 있기도 하고, 의미가 없기도 합니다. 둘 다이기도 하고, 둘 다 아니기도 합니다.

나의 목적이란, 만약 그런 것이 있다면, 그저 여기에 앉아 있는 것, 숨 쉬는 것, 심장이 뛰는 것, 소리가 일어나는 것뿐입니다. 그러함을 보는 것은 얼마나 멋진 일인지요. 그 안에는 얼마나 대단한 자유가 있는지요.

. . .

원함과 결핍은 같은 뜻입니다. '이것'은 이미 그 자체로 완전합니다. 그것은 이미 당신이 추구하는 충만함입니다. 하지만 원함에 사로잡히면 결핍감이 경험됩니다. 우리는 결핍감을 끝내려면 원하는 것을 얻어야 한다고 생각합니다. 그러나 우리가 원하는 것을 얻는다 해도 결핍감은 잠시 중단될 뿐입니다.

우리는 자신이 원하는 것을 정말로 원하는 것이 아닙니다. 우리가 정말로 원하는 것은 결핍감을 끝내는 것입니다. 하지만 우리는 결핍감을 끝내기 위해 원함의 메커니즘을 이용하려고 합니다.

원함이 완전히 떨어져 나갈 때, 결핍감도 역시 사라집니다. 그리고 '이것'에는 결핍된 것이 아무것도 없음을 명백히 보게 됩니다. 그것은 이미 완전히 충만합니다. 그것은 이미 완벽하게 그것 자체입니다.

선사(禪師)가 묻듯이, "지금 이 순간, 무엇이 부족합니까?"

• • •

우리 사이에 아무것도 없을 때, 사랑이 있습니다. 우리 사이에는 아무것도 없습니다. 그러므로 오직 사랑만 있습니다.

해탈은 시간 속에서 일어나는 사건이 아닙니다. 해탈은 그 사건이 일어나기를 기다리는 사람이 사라지는 것입니다.

해탈은 해탈에 대한 추구가 사라지는 것입니다. 해탈은 해탈의 종말입니다. 얼마나 멋진 역설인가요.

해탈은 단지 또 하나의 경험이 아닙니다. 경험은 오고 갑니다. 해탈은 경험하는 자의 사라짐입니다. 경험하는 자의 사라짐. 그것은 결코 당신이 경험하는 어떤 것일 수 없습니다. 당신이 앞으로 10억 년을 더 산다고 할지라도 말입니다.

. . .

꽃을 바라봅니다. 바라보고 있는 '나'도 없고, 보이는 꽃도 없습니다. 그렇지만, 그렇지만, 보십시오. 저 분명히 꽃 같은 아름다움을 누가 부정할 수 있겠습니까? 누가 어떤 것을 부정할 수 있겠습니까? 꽃이 있든 꽃이 없든, 바로 지금, 바로 여기에 '이것'이 있습니다. 생각의 너머에, 지성의 너머에, 말의 너머에……. 꽃이 없다고 말하면, 꽃 같은 아름다움을 부정하게 됩니다. 꽃이 있다고 말하면, 단번에 실재를 무수한 조각들로 나누어 버리고, 아무것도 없는 곳에 경계선과 구분선을 그어 분리시키게 됩니다.

꽃이 있는가, 없는가?
이 질문만으로 이미 충분하고도 넘칩니다. 대답은 이미 빛나고 있으며, 그것은 말과 아무 상관이 없습니다.

꽃이 있는가, 없는가?
조심하십시오! 대답을 하든 안 하든 선사는 당신의 목을 벨 것입니다!

꽃이 있는가, 없는가?
싹둑!

· · ·

아버지를 처음 제대로 보았을 때가 기억납니다. 그때 그는 내 아버지가 아니었고, '나의 것'이 아니었으며, 단지 영화 속의 등장인물로, '존재' 자체가 연기하는 하나의 배역으로 보였습니다. 나는 맑은 눈으로 그를 보았고, 거기에 실제로 있는 것이 무엇인지를 보았습니다. 그리고 이야기를, 아버지와 아들이라는 이야기를, 그는 내가 바라는 아버지가 아니라는 이야기를, '그가 어떻게 해야 했고, 어떻게 하지 말아야 했으며, 어떻게 했으면 더 좋았을 것'이라는 등의 이야기를 간파했습니다. 그 모든 무거움이 없어지고 과거가 미래만큼 무의미해지자, 남은 것은 놀라우리만큼 단순했습니다. 머리는 희끗희끗하고, 얼굴은 주름살이 가득하고, 손에는 검버섯이 핀, 늙은 남자. 그러자 즉시 그를 바꾸어 보려던 모든 의지가 멈추었고, 오로지 거기 있는 무엇에 대한 감사만이 남아 있었습니다.

　모두가 너무 순진했습니다. 그는 너무 순진했습니다. 나는 너무 순진했습니다. 그는 내 아버지가 아니었고, 나는 그의 아들이 아니었습니다. 아버지와 아들이라는 것은 단지 역할일 뿐이었는데, 우리가 실제라고 착각한 것입니다. 연극 속에서 연기하던 배우가 자신이 배우라는 사실을 잊어버렸던 것입니다. 그는 자신이 아버지나 아들의 역할을 연기하고 있었다는 사실을 잊어버렸습니다. 그는 그 역할이 진짜 자기라고 믿게 되었고, 실재는 완전히 축소되어 버렸습니다.

　하지만 이제는 안개가 맑게 걷혔고, 지각의 문들은 깨끗해졌으며, 지금 일어나고 있는 것만이 있었습니다. 의자에 앉아서, 아침

141

식사를 하고 있는, 머리가 희끗희끗한, 늙은 남자. 그가 나의 것이라는 느낌은 없었습니다. 소유 의식은 없었습니다. 그를 통제하려는 의지도 없었고 그 결핍도 없었습니다. 그저 완벽하게 그 자신인 순진한 등장인물이 있었을 뿐입니다. 예수는 자기와 아버지가 하나라고 말했는데, 이제는 그 말이 무슨 뜻인지 이해되었습니다.

어떤 면에서 그것은 죽음이었습니다. 아버지라는 이야기의 죽음, 그리고 더불어 아들이라는 이야기의 죽음. 아버지와 아들의 죽음. 우리 사이에 끼어들었던 모든 것의 죽음. 역할들의 죽음. 위장의 죽음. 허울, 가면, 게임의 죽음. 그리고 그것들이 죽어 버리자, 오직 생명의 약동만 있었습니다. 실재하는 것은 어떤 것도 결코 죽을 수 없습니다.

아버지뿐만 아니라 어머니, 누이, 형제, 친구, 연인…… 모두가 일시적인 역할일 뿐입니다. 그런 역할들은 이 세상에서 살아가는 데는 아주 유용할 수 있지만, 아주 쉽게 우리 사이를 갈라놓을 수 있습니다. 그것들은 늘 있는 친밀함을 너무나 쉽게 가려 버릴 수 있습니다.

아무것도 당신의 것이 아닐 때, 모든 것이 당신의 것입니다. 아무엇도 당신의 것이 아닐 때, 어떤 것을 가로막을 수 있는 것은 아무것도 없습니다. 아무것도 당신의 것이 아닐 때, 세상은 가장 순수한 형태로 밀려옵니다. 이제는 세상을 가로막을 것이 아무것도 없습니다. 그러므로 저 세상과, 외견상 타인들과, 일어나는 어떤 것들과도 절대적인 친밀함이 있습니다.

아버지와 아들의 역할은 더 이상 없습니다. 그러므로 어떤 것도 더는 그 친밀함을 가로막을 수 없습니다.

아, 콘플레이크를 먹고 있는 저 아이와의 친밀함! 그것은 너무나 절묘한 아름다움이어서 입을 열 수도 없습니다.

· · ·

두려워할 것은 없습니다. 여기에는 아무도 없기 때문입니다.

· · ·

해탈에서는, 가슴과 마음이 분리된 것으로 경험되지 않습니다.

비이원성은 매우 이성적이고 매우 관념적이며 매우 지적인 것처럼 보일 수 있습니다. 무(無)니 부재니 현존이니 하는 그 모든 관념들이라니! 그런데 사실 이 모든 것은 '사랑(Love)'을 가리키고 있습니다. 사랑은 가슴과 마음의 합일입니다.

비이원성은 세상과 거리를 두는 것이 아니며, 모든 것을 지켜보기만 할 뿐 아무 참여도 하지 않는 것이 아닙니다. 그것은 저 높은 곳에 앉아 세상을 굽어보면서, 당신만큼 깨어나지 못한 저 불쌍한 중생들, 아직도 에고를 가지고 있는 저 불쌍한 영혼들을 측은히 여기는 것이 아닙니다. 아니, 그런 것이 아닙니다. 사랑은 세상에서 떨어져 뒤로 물러날 수가 없습니다. 왜냐하면 사랑이 바로 세상이기 때문입니다.

현존의 가슴에서 사랑이 쏟아져 나옵니다.

• • •

아무것도 없는 가운데, 이 모든 것이 나타납니다. 그것이 어디에서 나오는지, 어디로 가는지는 아무도 모릅니다.

아무도 그것에 대해 단 한 가지도 알지 못하지만, 그 모든 것이 공짜로 주어집니다. 이것은 순수한 사랑의 행동입니다.

이 말을 이해할 필요는 없습니다. 그저 그것의 불가사의 속으로 녹아드십시오. 말들이 가리키는 것 속으로 녹아드십시오.

당신의 이해를 제물로 바치십시오. 그것은 이미 목표를 달성했습니다.

• • •

이것은 존재와 비존재의 너머에 있습니다. 자아와 무아(無我)의 너머에 있습니다. 주체와 객체, 시간과 공간, 과거와 미래의 너머에 있습니다. 마시는 차의 맛이, 새의 지저귀는 소리가, 자동차들의 굉음이 세상에서 가장 매혹적인 것이 될 때, 그 모든 말은 아무 쓸모가 없어집니다.

• • •

주체와 객체는 함께 일어나고 함께 사라집니다.

그렇지만 사실은, 주체도 없고 객체도 없습니다.

오직 지금 일어나고 있는 것만 있습니다.

이 말조차 너무 많은 말입니다.

. . .

해탈에서는, 모든 것이 변하지만 아무것도 변하지 않습니다.

모든 것이 변합니다. '당신의' 삶이 아니라는 것이 이제는 확실히 보이기 때문입니다. 모든 것이 변합니다. 그 모든 것이 놀라우리만큼 가볍고 투명해지기 때문입니다. 모든 것이 변합니다. 이제는 삶이 더 이상 죽음의 반대가 아니기 때문입니다. 모든 것이 변합니다. 당신이 거부한 모든 것, 부정한 모든 것, 밀어낸 모든 것이 사실은 조건 없는 사랑의 표현이라는 것이 이제는 보이기 때문입니다.

그럼에도 불구하고, 아무것도 변하지 않습니다. 나무를 하고 물을 긷습니다. 먹고 싸고 늙어 갑니다. 암에 걸립니다. 한밤중에 고통으로 비명을 지릅니다. 그 어느 것도 멈추지 않습니다. 이것은 어떤 뉴에이지 환상 세계에서 살아가는 것이 아닙니다. 이것은 마음을 위로하는 개념들을 가져다가 이불솜처럼 당신을 푹 둘러싸는 것이 아닙니다. 이것은 완전히 날것 그대로의 현실입니다. 어떤 것도 더 이상 차단될 수 없습니다. 그것은 통제의 종말입니다. 그것은 모든 것과의 친밀함 속으로 자유낙하를 하는 것입니다. 그것은 지금 있는 것과의 연애입니다. 그것은 삶과의 완벽한 화합입니다.

이것…

나는 브라이튼 시내를 걷고 있습니다. 오직 이것뿐입니다—아이들이 내지르는 소리, 버스 엔진들이 내는 굉음, 젊은 연인들의 포옹, 절뚝거리며 내 쪽으로 다가오는 노부인. 우리의 눈이 마주치는데, 보는 사람도 없고 보이는 사람도 없습니다. 우리 사이에는 아무것도 없습니다. 오직 친밀함뿐.

집 없이 떠도는 노숙자가 잔돈 몇 푼을 달라고 손을 내밉니다. 그는 이미 집에 있지만, 그렇다는 것을 모릅니다. 나는 그 사실을 말하지 않습니다. 손이 호주머니에 들어가더니 동전들을 꺼냅니다.

볼이 붉은 작고 어린 아이가 파란색 멜빵바지를 입고 아장아장 걷다가 내게 와 부딪칩니다. 아이가 올려다보고, 우리의 눈이 마주치며, 그것은 다시 노부인이고, 노숙자입니다. 모든 사람이 모든 곳에 있고, 모든 사람이 아무도 아니며, 이 아름답고 화창한 날 브라이튼 시내를 걷고 있습니다.

나는 아파트로 돌아와서 설거지를 합니다. 이제는 접시들이 쟁그랑거리고, 거품들이 반짝거리며, 수도꼭지에서 물이 쉬이익 나오고, 물방울이 똑똑 떨어지고, 물을 끼얹으며 그릇들이 씻길 뿐입니다, 나는 저절로 설거지가 되는 것을 지켜봅니다.

이제 나는 어머니, 아버지와 함께 저녁을 먹고 있습니다. 디저트를 먹는 동안 그분들은 정치와 종교에 대해 토론을 합니다. 목소리, 침묵, 목소리, 침묵. 둘은 동등합니다. 이 두 눈은 한 줄기 햇빛을 받아 반짝거리는 커피 위의 거품에 매료되어 있습니다. 부모님의 목소리는 거품과 뒤섞이고, 우주는 파란색 멜빵바지를 입은 볼이 붉은 아이들과 노부인들, 설거지와 노숙자들, 소리를 지르는 아이들과 굉음을 내는 버스 엔진들로 가득한, 거품투성이음악 디저트와 같습니다.

4
둘이 아니다

차를 마시는 일이 그저 일어납니다. 생선튀김과 감자칩
을 먹는 일이 그저 일어납니다. 차가 자기를 마십니다.
생선튀김과 감자칩이 자기를 먹습니다. 거기까지가 언
어로 표현할 수 있는 한계입니다.

죽어야 변한다.
이를 배우지 못하는 한,
그대 어두운 지상의 침울한 길손에 지나지 않으리.

_괴테

해탈이 '나' 라는 개인, 곧 사람들이 제프라고 부르는 등장인물과 관계있는 것이라고는 느껴 본 적이 없습니다. 내가 특별하다고는 느껴 본 적이 없습니다.

　제프가 특별하다는 생각…… 사실은 바로 그 생각이 떨어져나간 것입니다. 내가 평생 추구해 온 자유는 '나' 라는 개인과는 아무 상관이 없는 것이었습니다. 그것은 충격적인 깨달음이었습니다. 내가 무엇을 했든 하지 않았든 그런 것들과는 아무 상관이 없었습니다. 노력이나 성취와는 아무 상관이 없었고, 찾는 자에게 무언가를 더하는 것이 전혀 아니었습니다. 아니, 아니, 그런 것이 아니었습니다. 마침내 찾는 자가 완전히 없어진 것이었습니다.

　그러니 지킬 것은 전혀 없습니다. 나는 비이원성에 대한 나의 견해가 '옳다'는 것(그것이 무엇을 의미하든 간에)을 증명하기 위해 글을 쓰거나 말하지 않습니다. 이런 메시지를 나누기 위해 내가 어떤 주장이나 자랑이나 약속을 할 필요는 없습니다. 왜냐 하면 나는 그것을 조금도, 전혀 내 것으로 보지 않기 때문입니다. 이런 표현을 다른 표현들과 비교하고 대조할 필요는 없습니다. 다른 스승들이 자기만큼 '비이원적'이거나 '깨어난' 것 같지 않 다며(그런 말들이 대체 무엇을 의미하든 간에) 그들을 비난할 필 요도 없습니다. 해탈은 경쟁이 아닙니다. 전쟁이 아닙니다. 그것 은 조건 없는 사랑이며, 내가 소유하는 것이 아닙니다. 설령 내가 그것을 소유할 수 있다 하더라도, 나는 그러기를 바라지 않을 것 입니다. 그것은 너무나 소중합니다.

그리고 그와 함께 어떤 겸손이 찾아오는 것 같습니다. 만약 해 탈에 어떤 '특징'이 있다면, 아마 겸손이 그 특징일 것입니다. 나 는 오직 경험에 근거해서만 말할 수 있습니다. 지금 있는 것의 경 이로움이, 이 신성하고 아무 목적이 없고 아주 재미있는 놀이라 는 은총이 제프를 계속해서 겸손하게 합니다. 그리고 그는 자기 의 말이 개 짖는 소리나 고양이의 울음소리와 언제나 영원히 동 등하다는 것을 압니다. 그런 소리들은 '존재'가 부르는 노래의 일 부이며, 자기를 '모든 것과 아무것도 아닌 것' 안에서 '모든 것과 아무것도 아닌 것'으로서 드러내는 '모든 것과 아무것도 아닌 것'의 신성한 춤의 일부이며, 그것은 아침에 이를 닦을 때 칫솔에서, 해변에 앉아 먹고 있는 생선튀김과 감자칩에서, 부드럽게 뺨을 어루만지는 쌀쌀한 가을바람에서, 집에 가는 길에 밟아 새 신발을 더럽히는 개똥에서 노래하고 빛납니다.

삶은 일어나지만, 누구에게 일어나는 것이 아닙니다. 거기에 아무도 없다면, 이것에 대한 자기의 이해나 표현을 방어하거나 소유하려 하거나 우쭐해할 수 있는 사람은 아무도 없습니다. 자기 자신의 헛소리를 믿을 수 있는 사람은 이제 아무도 없습니다. 자신이나 자신의 '메시지'에 대해 세상이 뭐라고 생각하거나 생각하지 않는지에 대해 관심 가질 수 있는 사람은 아무도 없습니다.

지킬 것이 아무것도 없음…… 여기에서 나누는 메시지의 핵심에 이것이 있습니다.

• • •

개인에게는 이 자유, 이 은총이 항상 손이 닿지 않는 곳에 있는 것처럼 보일 것입니다.

당신이 스스로를 개인이라 믿는 순간, 분리가 생기며, 분리가 생기는 순간, 당신은 그 분리를 끝내려는, 분열을 치유하려는, 집으로 돌아가려는 갈망을 갖게 됩니다. 그것은 바다로 돌아가기를 갈망하는 파도입니다. 그렇지만 어느 수준에서는, 파도는 자신이 바다와 단 한 순간도 분리된 적이 없음을 알고 있으며, 자기를 하나의 파도라고 여기는 것은 단지 전체가 일시적으로 수축된 것임을 압니다.

작은 파도는 본질적으로 추구하는 자이며, 그는 애초에 잃어버린 적이 없는 것을 찾으려 애쓰면서 머리 없는 닭처럼 세상을 떠돌아다닙니다. 그런데 그는 이것을 잃어버린 적이 없습니다. 애초에 가진 적이 없기 때문입니다. 그는 언제나 그것이었습니다. 파도는 언제나, 언제나, 표현될 수 없는 것의 완벽한 표현이었습니다. 당신—등장인물, 사람, 개인—은 언제나 신성한 표현이었고, 그것은 자기를 완벽하고 완전하게 표현하고 있으며, 아무 흔적이나 잔재를 남기지 않은 채 자기를 온전히 표현하고 있습니다.

심지어 집으로 돌아가기 위한 개인의 끝없는 고단한 추구조차도 언제나 신성한 표현이었습니다. 그것은 언제나 그 자신을 찾고 있던 '하나임'이었습니다.

당연히 그렇습니다. 오직 '하나임' 만 있기 때문입니다.

그리하여 추구가 사라질 때, 함께 사라지는 것은 전체와 분리된 개인이라는 느낌, 거대한 바다 속에 있는 하나의 작은 파도라는 느낌입니다. 그것은 지적인 것이 아닙니다. 그것은 '친밀함' 속으로 사라지는 것입니다. 지성은 전혀 닿을 수 없는, 말은 전혀 닿을 수 없는 그 속으로.

그런데 문제는, 그것은 당신이 가질 수 있는 것도 아니고, 행할 수 있는 것도 아니라는 것입니다.

어째서일까요?

왜냐하면 당신은 이것을 엉뚱한 장소에서 찾고 있으며, 당신의 모든 행위는 결코 도착하지 않을 미래를 향하고 있기 때문입니다. 당신은 이것을 세상 속에서 찾고 있습니다. 다시 말해, 당신의 세상 속에서 찾고 있습니다. 그런데 거기에는 다른 것이 없습니다.

• • •

등장인물과 등장인물의 세계는 분리될 수 없습니다. 하나의 등장인물을 갖는 순간, 당신은 즉시 그 등장인물이 활동하는 하나의 세계를 갖게 됩니다. 그 세계에서 등장인물은 살아가고 숨을 쉬고 자기 자신을 봅니다. 화가 난 등장인물은 화가 난 세계를 봅니다. 우울한 등장인물은 우울한 세계를 봅니다. 영적인 구도자는 찾아야 할 것들로 가득 찬 세계, 스승과 가르침과 구원에 대한 희망과 약속으로 가득 찬 세계를 봅니다.

구도자는 언제나 자기만의 세계를 볼 뿐입니다.

그 세계에서, 구도자는 깨어남이니 해탈이니 하는 것들에 대해 듣게 됩니다. 그리고 그의 세계 속에서 그것을 찾기 시작합니다.

구도자의 세계에서는 무엇이든 가능합니다. 구도자의 세계에는 수없이 많은 영적 길과 과정과 수행과 목표들이 있습니다. 할 일들도 수없이 많고, 제공되는 것들도 수없이 많습니다. 구도자의 세계에서, 당신은 깨달음을 바랄 수 있고, 해탈을 기다릴 수도 있으며, 어떤 에너지적 변형을 기대할 수도 있습니다. 구도자의 세계에서, 당신은 이런저런 모임에 나갈 수 있고, 자신에게 일어날 수도 있고 일어나지 않을 수도 있는 미래의 사건들에 대해 들을 수도 있습니다. 그것은 믿음으로 가득한 세계입니다. 그것은 남들이 진실이라 믿고서 선의로 당신에게 전해 준 개념들로 가득한 세계입니다.

그러나 해탈은 구도자가 그의 세계에서 찾을 수 있는 것이 아닙니다. 왜냐하면 해탈이란 구도자의 소멸이자, 더불어 그의 세계의 소멸이기 때문입니다. 그것은 구도자와 세계가 사라지는 것이며, 남에게 전해 들은 그런 개념들이 약속한 것보다 훨씬 더 신비롭고 생동하며 살아 있는 무엇 속으로 뛰어드는 것입니다.

그런데 우리가 이 뛰어듦에 대해 이야기하자마자, 우리는 다시 구도자와 세계의 언어 속으로 돌아가 버립니다. 하지만 물론 그것이 우리가 가진 유일한 언어입니다. 모든 가르침은 이 구도자와 세계라는 이 영역 안에서 기능합니다(둘을 합해 '꿈 세계'라고 부를 수 있습니다). 이런 말들도, 그리고 내 모임에서 하는 말들도 마찬가지로 꿈 세계 속에서 기능합니다. 항상 말하듯이, 내가 이것에 대해 말하자마자 그 말이 진실하지 않다는 것을 아는 것은 바로 이 때문입니다. 이것에 대해 말하는 순간, 나는 그것을 어떤 것으로, 꿈 세계 속의 어떤 것으로, 구도자가 꼭 붙잡고 이해하려고 하는 어떤 것으로 만들어 버리게 됩니다. 당신이 미래에 얻을 수 있는 어떤 것으로 바꾸어 버립니다.

어떤 의미에서는, 만약 비이원성에 대해 이야기하고자 한다면, 처음부터 성공할 수 없게 되어 있습니다. 이것을 결코 표현할 수 없으리라는 것을 알게 되는데, 그 역시 겸손의 일부입니다. 그리고 '완벽한' 비이원적 소통이라는 생각조차(설령 그것이 가능하다 할지라도) 여전히 전적으로, 완전히 꿈 세계 안에 있는 것입니다.

• • •

꿈 세계에서는 모든 것이 완벽한 균형을 이루고 있습니다. 우울한 등장인물은 어디를 가든지 우울한 세계를 만납니다. 두려워하는 등장인물은 어디를 가든지 무서운 세계와 만납니다. 구도자는 항상 추구를 부추기고 추구에 영합하는 스승들을 만납니다.

사실, 제자가 스승을 필요로 하는 것만큼 스승도 제자를 필요로 합니다. 스승이 제자의 세계에서 기능하는 것과 같은 방식으로 제자도 스승의 세계에서 기능합니다. 그는 필요에 부응합니다. 왜냐하면 스승이 스승이라는 자기의 정체성을 창조하고 유지하기 위해서 제자를, 어떤 면에서는, 이용하지 않는 한, 그는 자기 자신이 스승인지 여부를 알 수 없는 것이 당연하기 때문입니다. 그래서 제자들이 그에게 단단히 집착하는 것만큼 그도 제자들에게 집착합니다.

꿈 세계 속에 있는 동안에는, 아무도 아닌 자가 아니라 어떤 사람, 한 사람이 되기 위해 추구하는 동안에는, 삶을 원하는 대로 만들려 하는 동안에는, 당신은 언제나 자기 자신의 반영을 만나게 됩니다.

스승들은 당신에게 아주 많은 것을 약속합니다. 그들은 당신이 얻을 수 있거나 얻을 수 없는 어떤 지각의 전환 혹은 변화, 또는 깨달음, 또는 깨어남이라 불리는 미래의 사건을 약속합니다.

그러나 자기-축소[5]가 사라지고, 더불어 모든 스승과 가르침이 작동하는 축소된 세계 공간도 함께 사라지면, 은총이 드러납니다. 그 은총은 미래의 사건이나 영적인 경험, 또는 지각의 전환, 의식의 변형, 또는 꿈속의 스승들이 약속한 어떤 것들과도 상관이 없

---

5 self-contraction. 비유하자면, 전체인 바다가 하나의 파도를 자기 자신으로 여기는 것과 비슷하다. 그러면 전체인 바다가 하나의 작은 파도로 축소되는 것 같은 현상이 생긴다. 자기-축소는 축소된 자기, 즉 소아(小我)와 다르지 않다.

습니다. 그것은 놀라울 정도로 평범합니다. 그것은 한 잔의 차를 마시는 것입니다. 생선튀김과 감자칩을 먹는 것입니다. 지금 외에는, 아무도 차를 마시지 않으며, 아무도 생선튀김과 감자칩을 먹지 않습니다. 차를 마시는 일이 그저 일어납니다. 생선튀김과 감자칩을 먹는 일이 그저 일어납니다. 차가 자기를 마십니다. 생선튀김과 감자칩이 자기를 먹습니다. 거기까지가 언어로 표현할 수 있는 한계입니다.

그것은 당신의 예상을 완전히 초월합니다. 그런데 그것은 새롭게 나타난 것이 아닙니다. 그것은 이미 있던 어떤 것, 겉보기에는 숨겨져 있었지만 사실은 언제나 잘 보이던 어떤 것이 드러난 것입니다. 이 평범한 삶은 언제나 자기의 비밀을 드러내기를 갈망하고 있었습니다. 생선튀김과 감자칩, 한 잔의 차, 그리고 길 위의 개똥조차 항상 우리를 집으로 돌아오라고 부르고 있던 '연인'이었습니다.

이것은 지적인 깨달음이 아닙니다. 만약 그렇게 간단한 일이었다면, 그것은 당신의 생각을 바꾸는 문제에 불과했을 것입니다. 예를 들어, "이것은 그것이 아니야."를 "이것이 그것이야."로, 또는 "나는 깨어나지 못했어."를 "나는 깨어났어."로 바꾸는 것처럼 말입니다. 물론, 꿈 세계 속에서는 생각을 바꾸는 것도 아주 좋은 일일 수 있습니다. 이왕 꿈을 꿀 바에는 행복한 꿈을 꾸는 편이 좋을 테니 말입니다. 이왕 꿈을 꿀 바에는 부정적인 생각보다는 긍정적인 생각이 좋을 것입니다. 잠들어 있다는 생각보다는 깨어 있다는 생각이 좋을 것입니다. 꿈 세계 속에서, 개인은 수없이 많은 생각을 할 수 있고, 생각은 수없이 많은 경험을 창조할 수 있습니다. 그러나 우리가 여기에서 이야기하는 것은 그 모든 것을 완전히 초월해 있는 것입니다. 그것은 생각이 개발한 어떤 방식으로도 파악할 수 없습니다. 사실, "개인은 없다."와 "개인은 있다."는 둘 다 핵심을 벗어난 것입니다. 꿈 세계에서, 이러한 대립 쌍들은 함께 일어나고 함께 사라집니다. 하지만 그것들은 당신이 진정으로 가고 싶어 하는 곳, 즉 당신 자신의 부재(不在)로는 데려 갈 수 없습니다.

• • •

자기-축소의 서로 반대되는 쌍들[6]의 너머에서, 이 은총, 이 경이로움은 끊임없이 빛나며, 사실 자기-축소가 존재하는 것처럼

---

6 크다/작다, 길다/짧다, 기쁨/슬픔, 삶/죽음, 밝음/어둠, 나/나 아닌 것, 나무/나무 아닌 것 등 상대적인 세계를 이루는, 서로 반대되는 개념들로 이루어진 쌍들을 가리킨다.

보이는 것도 오직 이 은총 때문입니다. '존재'는 모든 배역을 연기하며, 심지어 '존재'를 모르는 것처럼 보이는 사람이라는 배역까지도 연기합니다. 모든 것이 '존재'입니다. 그것이 드러난 진실입니다. 어느 누구에게 드러나는 것이 아닌.

개인들은 언제나 자기의 세계에 갇혀 있었습니다. 그렇다는 사실을 알아차리지도 못한 채로. 그리고 그들은 그 세계 '안에서' 자유를 발견할 수 있으리라 상상했습니다. 개인과 세상이 사라지면, 갇혀 있는 개인은 없습니다. 오로지 지금 있는 것이 있을 뿐입니다. 아무것도 아닌 것이 모든 것인 채로. 이것뿐입니다. 그리고 이 말도 너무 많은 말입니다.

우리가 실제로 할 수 있는 일은, 말을 초월하기 위해 말을 사용하여, 최대한 분명하고 정직하게 이것을 가리키려고 하는 것입니다. 그리고 꿈 세계에서는 다음과 같은 논쟁이 계속됩니다.

"내 가르침이 당신의 가르침보다 더 나아!"
"우리 스승이 당신의 스승보다 더 나아!"
"우리 스승의 가르침이 당신 스승의 가르침보다 더 나아!"
"A 스승은 완전히 이분법적이야. 그녀는 사람들에게 수행법을 제시하지. 그건 그녀가 아직도 사람들을 분리된 개인들로 본다는 의미야!"

"B 스승은 순전히 지식으로 가르치고 있어!"

"C 스승은 여전히 '나'라는 단어를 사용해. 그걸 보면 그는 해탈했을 리가 없어!"

내가 이런 종류의 말을 얼마나 자주 듣는지 당신은 믿지 못할 것입니다.

꿈 세계 속에서는 그런 논쟁들 가운데 일부는 어느 정도 타당성을 가질 수도 있습니다. 하지만 그것들은 모두 핵심을 완전히 벗어난 것입니다. 즉, '아무도' 이것을 가르칠 수 없습니다. 깨달은 사람도 없고, 깨어난 사람도 없습니다. 해탈에 이른 사람은 아무도 없습니다. 왜냐하면 어떤 사람도 없기 때문입니다. 사람이라는 것은 신기루입니다. 이 자유를 소유한 사람은 아무도 없습니다.

그것이 이것의 아름다움이며, 이것의 기쁨입니다. 우리가 이야기하고 있는 그것은 완전히 자유롭고, 끊임없이 이용할 수 있으며, 언제나 그리고 영원히 자기를 조건 없이 제공하고 있습니다.

이 메시지를 진정으로 듣게 되면, 추구가 사라지고 자기-축소가 치유되면, 이런 말들이 가리키는 것이 완전히 분명하게 드러납니다. 그리고 나의 가르침이나 스승이 당신의 가르침이나 스승보다 낫다는, 너무나 따분하고 지루한 게임은 있는 그대로, 즉 지적인 게임이자 에고들의 싸움으로 보이게 됩니다. 그리고 이 등장인물이 이 메시지의 핵심에 있는 것인 조건 없는 사랑, 그 사랑의 계시, 그 사랑의 표현에 집중하지 못하도록 방해하며 산만하게 하는 것으로 보이게 됩니다.

그리고 이 등장인물이 이 메시지를 전하려 하고 보호하려 하는 부질없는 시도를 하는 동안에도 그 너머에서는, 헤아릴 수 없으면서도 완전히 평범한 이 친밀함이 언제나 변함없이 고요하게 배경 속에 있습니다. 모든 것이 좋다고, "지킬 것은 아무것도 없어······ 지킬 것은 아무것도 없어······."라고 아주 부드럽게 속삭이면서.

166

이것…

노부부가 브라이튼 역 앞에 있는 택시 승강장을 향해 달팽이처럼 느릿느릿 걸어갑니다. 부인은 목발을 짚고 있고, 남편은 작고 등이 굽었는데 부인보다 두어 걸음 앞서 걷고 있습니다. 그는 땅을 내려다보면서 걸어갑니다. 허리가 굽어서 위를 쳐다볼 수 없습니다. 이 두 눈은 그를 뒤따릅니다. 호흡이 멈춥니다. 나는 나 자신을 보고 있습니다. 사랑이 절뚝거리며 브라이튼 역 앞 택시 승강장을 향해 걷고 있고, 사랑이 고요히 지켜봅니다. 지금 내가 세상 그 무엇보다도 바라는 것은 이 작고 등 굽은 노인과 그의 아내가 택시 승강장에 안전하게 도달하는 것인데, 왜 그런지는 모릅니다. 그때, 아무 예고 없이 고개가 돌아가고, 새로운 소리들과 모습들이 밀려들자 그 모든 것을 잊어버립니다. 휴대전화로 시끄럽게 통화하는 남자, 파이[7] 냄새, 옥외 광고판 위 향수를 광고하는

---

7 코니쉬 패스티(Cornish pasty). 반달 모양에 양념한 야채와 고기를 넣은, 잉글랜

반라 여성의 사진..

런던 지하철역에서 에스컬레이터를 타기 위해 줄지어 기다리던 남자가 어린 딸을 들어 올려 목마를 태웁니다. 확성기에서 큰 목소리가 나옵니다. "소녀를 목마 태우신 남성 분, 아이를 내려 주시기 바랍니다. 그렇게 에스컬레이터를 타시면 위험합니다." 세상이 멈춥니다. 딸을 목마 태우는 것은 사랑이며, 아버지에게 위험을 경고하는 것도 사랑입니다. 사랑이 그 자신에게 말하고 있습니다. 확성기에서 나오는 목소리가 나 자신이며, 나 자신을 다치게 하지 말라고 나에게 경고하고 있습니다. 목숨보다 딸을 더 사랑하는 저 아버지가 나 자신입니다. 눈물이 내 뺨을 타고 흘러내려 빅토리아 역의 더러운 바닥 위에 떨어지더니 금세 없어집니다.

등이 굽은 노인과 그의 아내는 택시 승강장에 도착하고, 아버지는 딸을 어깨에서 내린 뒤 손을 잡고서 에스컬레이터를 타고 내려가며, 나는 버거킹에 있는데 젊은 아가씨가 붉은 쟁반 위에 감자튀김과 햄버거를 내려놓고는 나를 쳐다보며 묻습니다. "케첩도 드릴까요?"

드 콘월 지방의 파이.

168

"예, 주세요." 나는 대답합니다.

오랫동안 몸을 씻지 않은, 맥주 냄새와 땀 냄새에 절어 악취를 풍기는 노숙자가 코딱지를 파다가 나를 보더니 바짝 다가와서는 말합니다. "이봐, 형씨, 뭘 그리 쳐다보고 지랄이야?"

만약 당신이 죽어서 지금 일어나는 일이 더 이상 문제가 되지 않는다면, 그 모든 것이 얼마나 더럽게 완벽할까요?

5
세상의 시작
세상의 끝

그것은 무(無)에서 나와 무(無)로 돌아가며, 그 사이에
이 경이로운 놀이가 있습니다. 이것은 '모든 것' 으로 있
는 게임을 하는 '아무것도 아닌 것' 입니다. 분리되어 있
는 게임을 하는 '하나임' 입니다.

세상은 오직 우리가 그것에 대해 생각할 때만 존재한다.
천지창조 이야기들은 어린이들을 위한 것이다.
실제로는 세상은 매 순간 창조되고 있다.

_장 클랭

당신은 진실로 '이것'이 무엇인지 알 길이 없습니다.

당신은 진실로 자신이 누구인지 알 길이 없습니다. 또는 자신이 무엇인지. 또는 자신이 어디에 있는지. 생각이 그림 속으로 들어와 '나'라고 말하기 전에는.

"나"
"나는 있다"
"나는…… 사람이다"
"나는…… 방에 앉아 있는…… 사람이다"

생각이 '지금 있는 것'에 대한 이야기를 하기 이전에는 오로지 그 모든 것의 '불가사의'만 있습니다. 그 이야기 이전에는 오직 알지-못함만 있습니다.

'나' 이전에는 세상이 없습니다.
'나'로부터 모든 것이 시작됩니다.

• • •

지금 보이는 모습들, 들리는 소리들, 냄새들. 몸에서 일어나는 느낌들. 난데없이 일어나는 생각들. 바깥에서 떨어지는 빗방울 소리. 뱃속의 허기. 컹컹 짖는 개. 쾅쾅 울리는 텔레비전. 이것이 지금 있는 모든 것입니다.

지금 이 순간에 주어지는 것은 이미 삶의 완벽한 표현입니다. 삶은 자기를 바로 지금 완전히 표현하며, 아무것도 감추지 않습니다. 여기에는 결여된 것이 아무것도 없습니다. 그리고 물론, 당신이 그것을 '순간'이라고 부르기도 전에, 그것은 이미 사라집니다.

지금 보이는 이 모습의 한가운데에는, 보이는 것들과 소리들과 냄새들로 이루어진 이 경이로운 쇼의 한가운데에는 개인도 없고,

174

중심도 없고, 기준점도 없고, 줄을 당기며 꼭두각시를 부리듯 조종하는 자도 없습니다. 불은 켜져 있지만, 집에는 아무도 없습니다. 소리들, 느낌들, 생각들은 있지만, 소리를 듣고 있는, 느낌을 느끼고 있는, 생각을 생각하고 있는 사람은 아무도 없습니다. 삶은 누구에게 일어나는 것이 아니고, 누구를 위해 일어나는 것도 아닙니다. 삶은 그냥 일어납니다. 삶은 어느 누구를 위해서 일어나지 않습니다.

당신의 부재는 세상의 현존과 같은 것입니다.

삶이 이미 해탈되어 있다고 말할 수 있는 것은 그 때문입니다. 삶은 이미 개인적 자아가 없으며, 그래서 삶은 이미 완전히 자유롭게 정확히 그 자체로 있으며, 완벽하게 그 자체로 있습니다. 사실, 애초부터 삶은 해탈되어 있었습니다. 삶은 결코 구속된 적이 없으며, 따라서 자유를 위한 추구는 언제나 헛수고였습니다.

해탈은 개인과 아무 상관이 없습니다. 해탈은 당신이 얻을 수 있는 것이 아닙니다. 해탈은 어떤 사람들은 갖고 다른 사람들은 갖지 못하는 것이 아닙니다. 해탈은 어떤 상태가 아니며 경험도 아닙니다. 해탈은 시간 속에서 일어나는 것이 아닙니다. 해탈은 나의

175

것이 아니며, 당신의 것도 될 수 없습니다. 그것은 하나의 물건이 아닙니다. 그것은 아무것도 아니면서 모든 것입니다. 만약 해탈이 라는 것이 있다면, 그것은 어느 누구를 위한 것이 아닙니다.

이것은 결코 책 속에서 찾을 수 없으며, 어떤 스승도 이것을 가르칠 수 없습니다. 아무도 이것을 당신에게 줄 수 없습니다. 설령 그들이 그럴 수 있다고 해도, 그들이 어떻게 당신을 '이것'에 대해 미리 준비시킬 수 있겠습니까? 지금, 이 순간에 일어나고 있는 일에 대해? 그럴 수는 없습니다. 지금 보이는 이 모습에 대해, 바로 지금 일어나고 있는 일에 대해 당신에게 미리 말해 줄 수 있는 사람은 아무도 없습니다. '이것'은 언제나 완전히 새로우며 완전히 신선합니다. 그것을 예측할 수는 없습니다.

그리고 이 보이는 모습의 놀라운 점은, 비록 '당신'이라는 개인이 없을지라도 그것은 언제나 당신의 것이며 당신만의 것이라는 사실입니다. 그것은 절대적으로 친밀하며, 어느 누구에게 그런 것이 아닙니다. 다시 말하지만, 말은 결코 그것에 가 닿지 못할 것입니다.

· · ·

'존재'는 이미 완벽하게 모든 것으로 존재하고 있습니다. 그것은 모든 배역을 연기하고 있습니다. 카펫, 천장, 벽들, 창문들······. 그것은 가장 사소한 것들 속에도, 가장 작은 것들 속에도, 가장 하찮은 것들 속에도 있습니다.

개인이 해탈에 대해 가진 모든 관념은 이 살아 있음에 의해 전부 파괴될 것입니다. 이 살아 있음은 당신이 해탈에 대해 가진 모든 관념을 완전히 불살라 버릴 것입니다. 어떤 면에서는, 이 살아 있음은 매우 파괴적입니다. 그것은 낡은 개념들, 진부한 관념들을 불살라 버립니다. 과거의 모든 잔재는 지금 일어나는 것에 의해 언제나 사라집니다. 심장이 고동치는 소리, 숨 쉬는 소리에 의해. 벽들에 의해, 카펫에 의해. 지금 보이는 것들, 들리는 소리들, 냄새들에 의해.

삶은 언제나 자기에게 돌아오라고 당신을 부르고 있습니다. 모든 것이 '이것'으로 돌아오라고 당신을 부르고 있습니다. 모든 것이 말합니다. "들어 봐, 잘 봐. 오직 신(神)의 소리만 들리고 있으니. 오직 신의 표현만 보이고 있으니."

• • •

이 메시지를 처음 들으면 몹시 거북하게 느껴질 수 있습니다. 당신이 아무것도 아니라는 말을 듣는 것은 충격적인 일입니다. 하지만 이제까지 모든 일이 일어난 것은 오직 당신이 아무것도 아니기 때문입니다. 지금 바깥에서 빗방울 떨어지는 소리가 들리는 것은 오직 당신이 아무것도 아니기 때문입니다. 아무것도 그것을 가로막고 있지 않습니다. 이 글이 지금 읽힐 수 있는 것은 오직 당신이 아무것도 아니기 때문입니다. 아무것도 그것을 가로막고 있지 않습니다. 지금 이 현존이 드러날 수 있는 것은 오직 당신이 완전히 부재하기 때문입니다. 모든 것이 '있는' 것은 오직 당신이 '없기' 때문입니다. 당신은 세상이 존재하도록 허용합니다.

일어나는 모든 일은 언제나 당신의 부재를 가리킵니다. 그것은 이전에 사라진 모든 것의 죽음, 낡은 것의 죽음, 알려진 것의 죽음을 가리킵니다. 당신이 자기 자신이라고 생각했던 자의 죽음을. 당신이 필요하다고 생각했던 것의, 당신이 원한다고 생각했던 것의 죽음을.

• • •

이 메시지를 처음 들을 때면 분노와 두려움으로 반응하는 사람들이 가끔 있습니다. 그들은 자기 자신이라 여겼던 등장인물이 하나의 환상에 불과한 것일지도 모른다는 이야기를 듣고는 충격을 받습니다. "내가 아무것도 아니라고? 나는 내가 전부라고 생각했어! 나는 내가 모든 일을 한다고 생각했어!" 예, 이 메시지는 우리가 이제까지 생각하거나 믿었던 것들과는 하나도 맞지가 않습니다. 그래서 그런 메시지는 몹시 거북하게 느껴질 수 있습니다.

하지만 당신이 아무것도 아닐 때, 당신이 아무것도 가지고 있지 않을 때, 오로지 현존만 존재할 때, 그때 남아 있는 것은 모든 것에 대한 한없는 '열려 있음'입니다. 감각들에 대한, 느낌들에 대한, 삶이 가져다주는 모든 것에 대한 열려 있음.

삶을 가로막으려는 시도는 지독한 피로와 좌절, 절망을 가져올 뿐입니다. 삶을 가로막으려는 시도는 소용이 없었습니다. 왜냐하면 삶이 언제나 이길 것이기 때문입니다. 삶은 그것을 가로막으려는 모든 시도를 무너뜨릴 것입니다. 삶은 자기를 방해하는 모든 것을 불살라 버릴 것입니다. 삶은 순수한 살아 있음입니다. 삶은 날것의 에너지입니다. 삶을 가로막을 수는 없습니다. 삶은 그것을 용납하지 않을 것입니다.

어떤 의미에서, 해탈은 일종의 상실입니다. 필요하지 않은 모든 것의 상실. 모든 헛소리의 상실. 그리고 이미 있었지만, 더 나은 것을 추구하느라 평생 간과했던 것을 분명히 보는 것입니다.

그것은 추구 없이 살아지는 삶입니다. 그것은 구도자의 죽음이자, 다른 무엇의 시작입니다.

그런 추구가 사라지면, 추구가 아무 쓸모없는 것임을 충격적일 만큼 분명히 보게 되면, '이것' ―지금 있는 것― 이 무척 매혹적으로 변합니다. 왜냐하면 그것이 남아 있는 전부이기 때문입니다. 당신을 감싸고 있던 모든 것, 말 그대로 모든 것이 벌거벗겨지고, 당신은 삶 앞에 벌거벗은 채로 서 있습니다. 더 이상 삶을 가로막을 수 없는 채로, 완전히 노출된 채로, 완전히 무장해제한 채로. 하지만 거기에는 어떤 힘도 있는데, 그것은 세상의 어떤 힘도 당신을 건드릴 수 없다는 절대적 확실성에서 나온 힘입니다. 당신은 삶 앞에 벌거벗은 채로 서고, 삶이 되며, 모든 것이 끝납니다.

그리고 지금 있는 것과 아주 친밀해집니다. '지금 있는 것'은 당신의 변함없는 동반자가 됩니다. 그것은 결코 당신을 떠날 수 없습니다. 그것은 영원히 계속되는 연애이며, 당신은 결코 다시는 외로울 수 없습니다.

・・・

분명히 말하겠습니다. 추구는 실패했습니다. 마음은 원하는 것을 얻는 데 실패했습니다. 마음은 언제나 뭔가를, 미래에 얻을 수 있는 뭔가를 찾고 있었는데, 그 미래는 결코 오지 않았습니다.

추구는 실패했으며, 실패할 수밖에 없었습니다. 그 추구는 잘못된 전제, 즉 여기에 한 사람이 있다는 전제 위에 세워졌습니다. 불완전함을 느끼고 불완전하다는 느낌을 끝내고 싶어 했던 한 사람. 여기에 아무도 없다는 것을 분명히 보게 되면, 그 추구는 완전히 허물어집니다.

그리하여 추구는 실패하고, 완전히 실패하며, 당신은 여기 방안, 의자에 앉아 있습니다. 그뿐입니다. 여기에 앉아 있음. 평범한 방. 평범한 의자. 뱃속의 허기. 지금 들리는 소리들. 음식을 조리하는 냄새. 저쪽에서 윙윙대는 파리.

이보다 훨씬 이상의 것을 기대하던 마음에게는 이것이 얼마나 거대한 실망이 되는지요! "우리는 비참하게 실패했어! 우리가 바라던 것을 얻지 못했어! 우리는 목표에 도달하지 못했어!" 그래서 우리는 이 메시지를 '절망적인' 것이라 부릅니다. 왜냐하면 그것은 우리에게 단지 '이것'만을 남겨 줄 뿐인데, 우리는 여전히 미래의 구원이라는 희망에 매달려 있기 때문입니다. 우리는 여전히 속으로는 미래의 구원이 가능하다고 믿습니다. 그래서 주위를 둘러보며 말합니다. "이것이라고? 이것은 아무것도 아니잖아!" 왜냐하면 우리는 모든 것을 얻게 될 미래를 기다리고 있기 때문입니다.

그러나 모든 희망이 사라질 때, 정말로 사라질 때, 절망도 함께 사라집니다. 당신이 절망을 느낄 때는 여전히 희망에 매달리고 있을 때뿐입니다. 이것보다 나은 것이 있을 것이라는 희망에. 하지만 모든 희망이 사라지면, 정말로 사라지면, 더 이상 절망할 수가 없습니다. 희망과 절망이 함께 사라지고, 당신은 여기 이 의자에 앉아 있습니다. 그리고 깨닫습니다. "잠깐만. 어라? 그리 나쁘지는 않은데? 지금 일어나는 일이 그리 나쁘진 않아. 사실은 꽤나 괜찮아! 이 의자는 편안해, 호흡이 일어나고 있어. 몸은 따뜻해. 사실, 지금 이 순간에는 아무 문제가 없어." 그러고는 충격적인 깨달음이 찾아옵니다. "어쩌면 여기에서는 언제나 괜찮았는지도 몰라."

우리는 평생 '이것'을 적으로 만들었습니다. '이것'은 결코 만족스럽지 않았습니다. '이것'은 너무 평범하고 너무 따분했습니다. '이것'은 언제나 목적을 달성하기 위한 수단이었습니다. 우리는 비범한 것을 원했습니다. 우리는 '이것'을 원하지 않았습니다. 그래서 '이것'으로부터 깨어나기를 원했습니다. 우리는 '이것'을 원하지 않았습니다. 색다른 세상, 색다른 상태, 색다른 체험을 원했습니다.

우리는 '이것'을 적으로 만들었습니다. 우리는 삶을 적으로 만들었습니다. 지금 일어나는 일은 결코 우리에게 만족스럽지 않았습니다.

하지만 당신이 정말로 멈춘 뒤 그것을 바라보고, 느끼고, 만지고, 맛볼 때, 삶은 얼마나 순전한 것인지요! 삶은 전혀 적이 아닙니다. 삶은 아무 문제가 없습니다. 의자…… 그것이 이제까지 한 일은 그저 거기 있으면서 자기를 제공하며 이렇게 속삭이는 것이었습니다. "이리 와. 앉아서 편히 쉬어. 나는 너를 위해 여기 있으니까." 그리고 미래의 깨어남을 추구하느라 너무 바빠서 그동안

한 번도 제대로 알아차리지 못했던 카펫. 그것이 어떻게 그저 거기 있으면서 자기를 제공하며 속삭이는지 보십시오. "이리 와. 내 위에 서 있어 봐. 나는 너에게 아무것도 요구하지 않아." 당신은 우선 깨달음을 얻고 싶었기 때문에 카펫을 보지 못했습니다. 당신은 카펫 위에 서 있는 깨달은 사람이 되고 싶었습니다. 당신은, 카펫을 보기 전에, 50년 동안 수련을 하거나 열반에 이르기 위해 명상하려고 했습니다. 아니면, 완전히 현존할 수 있을 때까지 기다린 뒤에야 카펫을 보려고 했을지도 모릅니다. 그것은 전부 뒤로 미루는 행동이었습니다. 그것은 전부 지금 여기를 떠나는 것이었습니다. 그것은 결코 오지 않는 미래로 들어가는 것이었습니다. 하지만 카펫은 항상 너무나 순전했습니다. 그것은 언제나 거기에 있으면서 자기를 제공하고 있었습니다.

삶은 언제나 여기에서 일어나고 있었지만, 우리는 바삐 떠나기만 했습니다.

우리는 천장도 보지 못했습니다. 우리는 자기 자신을 바꾸려 하느라, 자기 자신을 뜯어고치려 하느라, 다른 어떤 사람이나 다른 무엇이 되려 하느라 너무 바빴습니다. 천장에는 무관심한 채, 우리는 그 천장 아래서 깨어나기를 원했습니다! 그동안 줄곧 천장은 그런 것은 없음을, 당신이 착각하고 있음을, '이것'이 존재하는 모든 것임을 아주 다정하고 부드럽게 상기시키려 하고 있었습니다. 줄곧 천장은 신성(神性)의 비밀스러운 표현이었습니다. 하나임은 언제나 거기에, 천장 속에, 카펫 속에, 옷 속에, 호흡 속에, 모든 것 속에 숨겨져 있었습니다. 하나임은 언제나 거기 있었지만, 우리는 허구적인 자아를 개선하느라 너무 바쁜 나머지 그것을 알아차리지 못했습니다.

우리는 무엇이 되기 위해 애쓰는지는 모르면서, 단지 '이것'으로는 충분하지 않다고만 느꼈습니다. 그래서 의자한테 관심을 두지 않았습니다. 우리에게 미래가 있다고 생각했기 때문입니다. 우리는 미래가 있다고 생각했기 때문에 천장에 무관심했습니다. 미래가 있다고 생각했기 때문에 삶에, 이 살아 있음에 무관심했습니다. 우리는 영적인 추구를 믿었습니다. 깨달은 사람들의 이야기를 믿었습니다. 가르침들을 믿었습니다.

과거에 세상 사람들은 당신이 작은 '사람'이고 분리된 '나'이며, 잘해야 하고 성공해야 하고 중요한 사람이 되어야 한다고 말했고, 당신은 그 말을 믿었습니다. 순진했던 당신은 그 모든 말을 믿었습니다. 그때는 더 잘 알지 못했기 때문입니다.

이제 우리는 성장할 수 있습니다. 성숙할 수 있습니다. 우리는 '이것'을 있는 그대로, 우리 눈앞에 나타나는 기적으로 볼 수 있습니다. 그것은 마법처럼 여기에 있습니다. 그 모든 것은 얼마나 순전한지요! 우리는 한순간도 이 순전함과 분리된 적이 없습니다. 분리를 끝내려 애쓰면서 그 모든 세월을 보냈지만, 이제 우리는 애초에 분리된 적이 없다는 것을 발견합니다. 의자는 '이것'으로 돌아오라고 언제나 우리를 부르고 있었고, 천장은 '이것'으로 돌아오라고 언제나 우리를 부르고 있었고, 카펫은 '이것'으로 돌아오라고 언제나 우리를 부르고 있었습니다. 그것들은 언제나 집으로 돌아오는 길을 가리키고 있었습니다.

우리는 스승들─자신이 해답을 찾았다고 믿었고 그 좋은 소식을 전해 주고 싶었기에 우리에게 어떻게 살아야 하는지를 알려 주려 했던 사람들─에게 너무 집착했습니다. 그래서 너무나 명백한 것을 놓치고 말았습니다. 즉, 삶 자체가 언제나 우리를 가르치려 했고, 삶 자체가 언제나 유일한 스승이라는 사실을 말입니다. 우리는 저 깨어남의 체험을, 저 지복의 체험을, 책에서 읽은 저 간접적인 체험들을 추구하느라 너무 바쁜 나머지 '이것'의 체험을 놓치고 말았습니다. 비범한 체험을 추구하느라 너무 바쁜 나머지 평범한 체험을 놓치고 말았습니다. 우리는 '영적인 사람'이며, 그러므로 다른 '영적인 사람'들과 어울려야 한다고 스스로를 속이느라 너무나 바쁜 나머지, '영적'이라거나 '깨어났다'는 말이 무슨 뜻인지도 모르지만 누구 못지않게 조화로운 삶을 살고 있을지도 모르는 길 위의 노부인을 놓치고 말았습니다.

· · ·

당신은 언제나 이것을 마지막으로 보고 있습니다. 다음 순간은 결코 보장되지 않습니다. 그것은 너무나 소중하고, 너무나 쉽게 부서질 수 있습니다. 당신은 언제나 마지막으로 의자를 보고, 마지막으로 천장을 보며, 마지막으로 카펫을 봅니다. 마지막으로 자기의 손을 봅니다. 마지막으로 숨을 쉽니다. 당신에게 또 하나의 날이, 또 하나의 순간이 주어질 것이라는 생각은 순전히 오만입니다. 얼마나 오만한 생각인지요! 어째서 우리에게 또 하나의 순간을 받을 자격이 있다는 것일까요? 아름다운 점은, 우리는 받을 자격이 없는데도 또 하나의 순간이 주어진다는 것입니다. 그것은 은총입니다. 우리는 받을 자격이 없는데도 또 하나의 순간이 주어집니다. 그러지 않을 때까지는.

맙소사, 우리는 너무 버릇없는 어린아이였습니다! 우리는 살면서 나쁜 짓을 너무 많이 저질렀습니다. 남들에게 너무 많이 화를 냈습니다. 남들을 너무 많이 비난했습니다. 우리는 이런 은총을 받을 자격이 없습니다. 그럼에도 불구하고 그것은 여기에 있습니다. 그것은 주어집니다.

이것은 과분한 것입니다. 합당한 것이 아닙니다. 우리가 저지른 짓들에도 불구하고 주어지는 선물입니다. 우리가 성취하거나 성취하지 못한 것들에도 불구하고, 우리가 믿거나 믿지 않는 것들에도 불구하고 주어지는 선물입니다. 우리는 아무것도 아니지만, 그럼에도 불구하고 지금 이 순간 우리에게 모든 것이 주어집니다. 우리에게 필요한 모든 것이……. 우리에게 이 이상의 것을 받을 자격이 있다는 생각은 얼마나 오만한 생각인지요! 모든 영적 추구의 뿌리에는 오만과 나르시시즘, 에고가 있습니다. 그것의 뿌리에는 나, 나, 나가 있습니다. 나는 이것을 받을 자격이 있어! 나는 저것을 받을 자격이 있어!

그러니 그 모든 것은 '나'에서 시작됩니다. 나는 원한다. 나는 필요하다. 그 '나', 그 사람은 아주 확실하고 분명히 실재하는 것 같지만, 꿈도 없는 깊은 잠 속에서는 전혀 존재하지 않습니다. 뭔가를 원하고 뭔가를 목표하고 뭔가를 필요로 하는 그 사람은 전혀 존재하지 않습니다. 그러니 이 모든 추구는 텅 비어 있음 위에 세워져 있습니다. 그것은 아무런 토대가 없습니다. 그것은 공중누각입니다.

'나' 이전에는, "나는 원한다, 나는 필요하다" 이전에는, 아무것도 없습니다. '나' 이전에는, 원하는 것도 없고 필요한 것도 없습니다. 그것은 완전합니다. 결핍된 것이 없습니다. 텅 빈 허공에서 추구가 일어나기 전에는 결핍된 것이 없습니다.

추구가 일어나는 순간, 결핍이 있게 됩니다. 그러면 우리는 결핍감을 없애기 위해 세상으로 관심을 돌리고, 스승들이 나타납니다. 스승들은 우리의 결핍감이 투사(投射)된 것입니다.

스승들은 당신에게 미래의 어떤 것을 약속합니다. 그들이 가지고 있는 어떤 것, 충분히 운이 좋거나 충분히 열심히 노력하면 당신도 가질 수 있다는 어떤 것을 약속합니다. 그런데 이런 약속은 불완전하다는 느낌, '아직 거기에 있지 못한' 분리된 사람이라는 느낌을 부채질합니다. 그리고 스승들은 이런 상황을 좋아합니다. 왜냐하면 만약 당신이 길을 잃었는데 그들이 길을 보여 줄 수 있다면, 그들의 자아의식이 고정되어 그들이 더 이상 공허감에 위협받지 않게 되기 때문입니다.

우리가 스승들을 포기하기란, 어떤 권위에도 의지하지 않고 홀로 서서 아무런 안전망 없이 삶을 정면으로 마주하기란 몹시 힘든 일 같습니다. 왜냐하면 스승을 포기한다는 것은 제자임을 포기한다는 의미이기 때문입니다. 더 이상 제자가 아니라면 당신은 누구이겠습니까? 스승을 포기하기 위해서는 우리의 자아를 포기해야 합니다. 그것은 죽음입니다. 어쩌면 우리는 평생 동안 우리의 영적 여정, 수행, 우리의 스승에 기초해서 자기 자신을 규정해왔는지 모릅니다. 우리는 자기 자신을 구도자로 여겼습니다. 추구가 없다면 우리는 누구일까요? 더 이상 구도자가 아니라면 나는 누구일까요? 그것은 무시무시한 질문일 수 있습니다.

그것이 바로 대부분의 사람들이 이 메시지에 관심을 갖지 않는 이유입니다. 그들은 여전히 구도자이기를 원합니다. 그들은 살기를 원하지, 죽기를 원하지 않습니다. 물론 그것도 괜찮습니다. 그것도 역시 놀이의 일부입니다. 하지만 들을 준비가 된 사람들을 위해 여기에서 나누는 메시지는, 스승을 포기하고, 길을 포기하고, 구도자임을 포기하고, 어떤 목발에도 의지하지 않고, 어떤 기준에도 의지하지 않고 홀로 설 수 있는 가능성입니다. 지도 없이,

안내서 없이 살아갈 수 있는 가능성입니다. 자유낙하를 하면서 살아갈 수 있는 가능성입니다. 당신에게 무엇을 느끼고, 무엇을 생각하고, 어떻게 변해야 하는지 말해 주는 사람이 없이 날것 그대로의 경험을 직면할 수 있는 가능성입니다. 엄마와 아빠 없이, 신이라는 개념 없이, 천국과 지옥 없이, 세상 없이 존재할 수 있는 가능성입니다.

과거 없이, 미래 없이 존재하는 것, 그것이 바로 자유입니다. 완전히 홀로 존재하지만, 단 한 순간도 외롭지 않은 것. 삶을 직면하는 것. 평생 무언가를 추구하느라, 어떤 사람인 척 가장하느라, 날것 그대로의 경험을 회피하려 애쓰느라 지칠 대로 지쳤음을 인정하는 것. 삶을 맑은 눈으로 보면서 그것이 언제나 기적이었음을 아는 것. 그것이 애초부터 당신의 삶이 아니었음을 보는 것. 그것이 자유입니다.

하지만 우리는 그것을 '죽음'이라 부릅니다. 그리고 그것을 두려워합니다. 이런 식으로 마음은 제정신이 아니게 되었습니다.

• • •

모든 것이 끝나고, 그 모든 것의 절대적인 불가사의만 남게 됩니다. 경이로움만 남게 됩니다. 감사함만 남게 됩니다. 단순함만 남게 됩니다. 길을 떠나기 전의 천진함으로 돌아갑니다. "너희가 어린아이처럼 되지 않으면 천국에 들어가지 못하리라."는 예수의 말은 이것을 두고 한 말입니다.

당신에게는 오직 불가사의만 남게 되며, 모든 것은 그것에서 나와 그것으로 돌아갑니다. 그 모든 것이 어디에서 나오는지, 어디로 가는지는 아무도 모릅니다. 만약 그것을 안다고 주장하는 사람이 있다면, 그는 당신을 속이고 있는 것입니다. 불가사의는 알려질 수 없습니다. 아무도 알지 못합니다.

그것은 무(無)에서 나와 무(無)로 돌아가며, 그 사이에 이 경이로운 놀이가 있습니다. 이것은 '모든 것'으로 있는 게임을 하는 '아무것도 아닌 것'입니다. 분리되어 있는 게임을 하는 '하나임'입니다. 우리는 결코 그 불가사의를 발견할 수 없으며, 결코 깨어남에 도달할 수 없습니다. 왜냐하면 우리는 언제나 이미 그것을 살고 있기 때문입니다. 우리는 언제나 그것을 살고 있었습니다.

물론 '우리'가 그것을 살았던 것은 아닙니다. '그것'이 그 자체를 살았습니다. '그것'이 아침에 깨어났고, 이를 닦았고, 일하러 나갔습니다. '그것'이 설거지를 했고, 친구들과 밖으로 나갔고, 집에 와서 잠자리에 들었습니다. '그것'이 모든 것을 하고 있었습니다.

제프라는 등장인물이 태어나서 자라고 살아가는 것을 조용히, 다정하게, 천진하게 지켜보던 무언가가 늘 여기에 있었습니다. 그것은 제프가 늙어 가고 병이 들고 죽는 것을 조용히, 다정하게, 천진하게 지켜볼 것입니다. 그것은 몸이 기능을 멈추고 마치 쓸모가 없어진 옷처럼 버려지는 것을 담담하게 사랑으로 지켜볼 것입니다. 이 놀이는 끝날 때까지 계속되고, 등장인물은 자기의 삶을 살아가며, 이름 없는 사랑은 모든 것을 감싸 안을 것입니다.

등장인물에게 어떤 일이 일어나는지는 더 이상 문제가 되지 않습니다. 그것은 더 이상 문제가 되지 않습니다. 그래서 내일 제프는 버스에 치일 수도 있습니다. 괜찮습니다. 나는 그 일을 받아들일 수 있습니다. '이것'은 충분했습니다.

세상의 시작은 세상의 끝과 동일합니다.

그리고 세상이 끝날 때 남아 있는 것은 오로지 주어진 것에 대한 가장 깊은 감사입니다.

이것…

나는 제프 포스터의 비이원성 모임에 앉아 있습니다. 한 여인
이 질문을 하고 있습니다. 그녀는 하나임을 체험하고 싶어 합니
다. 그래서 힌트와 조언을 듣기 원합니다. 그녀의 펜은 대답을 받
아 적을 자세를 취하고 있습니다. 그녀의 목소리는 뱃속의 온기,
왼발에서 느껴지는 약간의 통증, 그리고 어디선가 희미하게 풍겨
오는 애프터셰이브 로션 냄새와 뒤섞입니다. 내 왼쪽 편에 있는
사람이 기침을 하고 코를 풉니다. 자동차가 경적을 울립니다. 이
공간은 살아 있습니다.

여인의 말은 어디에선가 인식됩니다. 내게는 그 목소리의 선율
만 들릴 뿐입니다. 방 안의 모든 것이 그 선율에 맞추어 춤을 추
고 있습니다. 자동차, 코를 풀고 있는 남자, 뒤쪽에서 지루해하는
듯한 아이, 그 모두가 비밀스러운 춤에 빠져 있습니다.

여인이 자리에 앉습니다. 그녀는 자기의 목소리가 자기의 질문에 대답해 주었다는 것을 깨닫지 못합니다.

침묵. 내게는 그녀에게 해 줄 대답이 없습니다. 이것은 질문도 대답도 없습니다. 나는 어린아이이며, 비이원성에 대해 아는 것이 하나도 없습니다. 내가 아는 것이라고는 자동차의 경적 소리, 코 끝을 스치는 애프터셰이브 로션 냄새, 코를 푸는 모습, 발의 통증이 전부입니다. 이곳이 내가 사는 곳입니다. 바로 여기. 어떤 다른 차원이 아닌.

나는 무슨 말을 해야 할지 전혀 모르지만, 입이 열리고 말을 합니다.

"자기야, 설탕 좀 줄래?"

여자 친구와 나는 브라이튼 해변에 앉아서 바다를 바라보며 종이컵으로 차를 마시고 있습니다. 침묵 속에서, 우리는 껴안은 채 영국 해협이 들이쉬고 내쉬는 숨결을 지켜봅니다. 갈매기 한 마리가 끼룩끼룩 울어대면서 우리 쪽으로 뒤뚱뒤뚱 걸어오다가 자갈밭에 똥을 눕니다.

6
불가사의한 신비

그래서 모든 것이 끝나고 그 모든 것의 불가사의만 남게
됩니다. 모든 것이 끝나고 모름만 남게 됩니다.

만약 답을 원한다면, 무언가를 배우고 싶다면, 무언가를 '얻고' 싶다면, 위로를 받고 싶다면, 스승을 찾아가 보십시오.

만약 더는 추구할 기력이 없다면, 모든 것을 잃을 준비가 되었다면, 기꺼이 죽어서 집으로 돌아올 준비가 되었다면, 계속해서 읽으십시오.

• • •

때때로 사람들은 실재의 본질에 관한 매우 복잡한 질문을 내게 묻습니다. 대개 그들은 찾을 수 없는 것을 찾고 있는 것 같습니다. 그들의 눈 속에는 절박함이 있습니다. 그런데 그것은 마치 무엇인지도 모르는 것을 갈망하는 것과 같습니다.

그들의 질문에 대한 답은 바로 거기, 말 그대로 바로 거기, 질문하고 있는 그들의 목소리 속에 있다는 것을 그들이 볼 수만 있다면 얼마나 좋을까요.

당신의 목소리는 신이 부르는 노래입니다. 그러니 질문이 무엇인지는 그다지 중요하지 않습니다. 왜냐하면 답은 언제나 똑같기 때문입니다.

. . .

모든 고통은 "이것은 충분치 않아."의 변주곡입니다.

지금 일어나고 있는 것으로 충분할 때는
고통이라 불리는 것이 있을 수 없습니다.

보세요. 지금 일어나고 있는 것으로 충분합니다.
어떻게 알까요? 그것이 지금 일어나고 있습니다.

. . .

당신을 이것에 더욱 가깝게 데려다 줄 수 있는 길은 없습니다.

아무도 당신에게 숨 쉬는 법을 가르칠 필요가 없습니다. 아무도 당신에게 '존재하는' 법을 가르칠 필요가 없습니다.

존재는 당신의 존재 연습이 필요하지 않습니다. 존재는 이미 완벽하게 그 자신으로 있습니다. 존재에 또 하나의 층을 더할 필요가 없습니다.

'존재'가 있는데, 존재하는 법을 연습하는 사람이 있습니다. 우주적 농담인가요? 존재하는 법을 연습하는 사람은 이미 100퍼센트 '존재'입니다. 그것은 '존재'가 존재하는 법을 연습하는 꼴입니다. 하지만 '존재'는 이미 완벽하게 존재 자체입니다. 하지만 당신이 존재하는 법을 연습하고 있든, 동네 선술집에서 맥주를 마시고 있든, 그것은 진실입니다. 다른 무엇보다 더 '영적인' 것은 아무것도 없습니다. 만약 당신이 자기의 '영적인' 페르소나(persona)[8]에 지나치게 집착한다면, 그런 말은 듣기 거북할 것입니다.

---

8 원래는 연극배우가 쓰는 가면을 가리키는 말이었다. '외적 인격' 또는 '가면을 쓴 인격'을 뜻한다.

당신이 스스로 추구에서 해방되지는 않을 것입니다. 당신이 바로 추구입니다.

당신은 추구를 없애기 위해 추구를 이용하고 있습니다. 추구의 종말을 추구하는 것은 그 어느 때보다 더한 추구입니다. 그것은 마치 개가 자기의 꼬리를 뒤쫓고 있는 것과 같습니다. 이러한 영적 게임이 지독한 혼란과 좌절로 귀결될 수 있다는 것은 전혀 이상한 일이 아닙니다.

· · ·

이 글을 읽고 있는 것은 '당신'이 아닐 수 있습니다. 그런 가능성을 고려해 보십시오.

· · ·

개인은 세상을 둘러보고 묻습니다. "이 모든 것은 왜 존재하는 것인가? 삶의 의미는 무엇인가?"

이 세계에 어떤 의미가 있다면, 이 세계를 보는 데에 그 의미가 있습니다. 모든 것은 보이기 위해 있습니다.

그것은 마치 꿈에서 깨어난 뒤, 꿈의 의미가 무엇인지 궁금해하는 것과 같습니다. 꿈속에서는 그 질문에 대한 대답이 백만 가지나 있을 수 있습니다. 백만 가지 의미와 설명, 이론이 있을 수 있습니다.

하지만 당신이 꿈에서 빠져나오면, 물론 그것은 '당신'이 할 수 있는 일이 아니지만, 그때 보게 되는 것은 꿈은 언제나 한곳으로만 인도하고 있었다는 사실입니다.

꿈속의 시공간에서는 마치 A가 B로 인도하는 것 같았습니다. 깨어나 보면, A는 오로지 깨어남으로 인도하고 있었습니다. 따라서 그것은 실제로는 어느 곳으로 '인도하는 것'이 전혀 아니었습니다. 왜냐하면 꿈 바깥에는 시간이 없으므로 인과관계도 없기 때문입니다.

꿈속의 모든 것은 해탈의 가능성을 가리킵니다.

• • •

당신의 삶에 일어난 모든 일은 전적으로 적절했습니다. 모든 일은 정확히 등장인물이 있는 곳에서 그를 만나기 위해 일어났습니다. 그러는 게 당연합니다. 일어난 모든 일은 당신 자신의 투사였기 때문입니다.

그 모든 일은 전적으로 적절했습니다. 왜냐하면 그것은 모두 '여기'를 가리키고 있었기 때문입니다. 일어난 모든 일은 '이것'을 가리키고 있었습니다. 바로 지금, 당신 삶의 역사는 지금 일어나고 있는 이야기일 뿐입니다. 그것 말고는 다른 어떤 이야기도 지금 일어날 수 없습니다. 그것은 마치 당신이 꿈에서 깨어나서, 그 꿈이 '당신이 꿀 수 있었던 유일한 꿈'이었음을 알게 되는 것과 같습니다.

우리 모두는 '적절한 꿈'을 꾸고 있었습니다. 해탈이라는 것에 도달하기 위해서는 자기의 꿈을 개조할 필요가 있다고 생각하는 사람들이 있습니다. 그러나 해탈에서는 꿈속에서 일어난 일이 더 이상 문제가 되지 않습니다. 뿐만 아니라, 꿈을 바꾸려 노력하면 꿈속으로 더 빠져들게 될 뿐입니다.

• • •

개인에게는 삶이 심각해 보일 수 있습니다. 만약 당신이 태어났다면, 그래서 어느 날 죽을 거라면, 만약 죽기 전까지 한정된 시간만 살 수 있다면, 그러면 삶은 심각합니다.

그 모든 것이 사라지면 심각함도 함께 사라집니다. 어떤 것을 너무 심각하게 여기는 것이 불가능해집니다. 세상의 이야기 속에 너무 깊이 빠져드는 것이 불가능해집니다. 그럼에도 불구하고, 순전히 기쁨을 위해서 세상과 놀 수 있습니다. 비록 '나'도 없고 세상도 없지만, 나는 '나'도 있고 세상도 있는 척하면서 어린아이처럼 놀이를 합니다.

그 다음에 나는 '당신'도 얻는데, 그것은 멋진 일입니다. '당신' 뿐만 아니라, '그'와 '그녀' 그리고 '그들'까지도 얻습니다. 아무것도 없는 데에서 이 경이로운 꿈의 세계가 일어납니다. 그것은 춤이며, 빛과 소리의 놀이입니다. 그 모든 것이 너무나 소중합니다. 왜냐하면 그것이 존재하는 전부이기 때문입니다.

심각함이, 무거움이 빠져나갑니다. 과거에 나는 영성이라는 것을 너무 심각하게 생각했습니다. 비이원성이라는 것을 너무 무겁게 여겼습니다. 내가 보는 것을 사람들이 보지 못하면 몹시 답답

했습니다. 깨어나지 못한 사람들에게 매우 화가 났습니다. 나는 자유라는 것을 너무 심각하게 생각했습니다.

삶은 가벼운 것이며, 중심이 없습니다. 기준점이 없습니다. 삶은 놀이일 뿐입니다. 삶과 함께 즐겁게 놀아 보십시오. 더 이상 무언가를 추구하지 않는다면, 달리 해야 할 일이 뭐가 있겠습니까?

• • •

당신은 결코 완전히 '현존' 하지 못할 것입니다. 만약 당신이 완전히 현존한다면, 당신은 소멸될 것입니다. '당신' 과 현존은 공존할 수 없습니다.

우리는 "나는 지금 현존할 거야." 라고 말합니다. 하지만 우리는 현존에 도달하기 위해 시간을 이용하려 하고 있습니다. 우리는 시간 없음에 도달하기 위해 시간을 이용하려 하고 있습니다.

오직 현존만 있습니다. 모든 일은 이미 완전한 현존 안에서 일어나고 있습니다. 어제와 내일에 대한 가장 치밀하고 매혹적인 생각들마저도 현존 안에서 일어나고 있습니다. 현존하기 위해 열심히 노력하고 있는 '당신', 이 '당신'도 이미 현존 안에서 일어나고 있습니다.

사실, '당신'은 현존은커녕 아무것도 할 수 없습니다. 이야기는 아무것도 할 수 없습니다. 이야기는 단지 생각들의 집합에 불과하며, 생각들의 집합은 아무런 힘이 없습니다. 그러나 마음은 이런 말을 듣고 싶어 하지 않습니다. 마음은 이런 메시지에 위협을 느낍니다.

당신이 실제로는 얼마나 무력한지를 보는 것은 얼마나 좋은 일인지요. 모든 노력을 포기하고, 더없이 편안한 이것의 '노력 없음' 속으로 사라지는 것은 얼마나 좋은 일인지요. 십자가에 못 박혀 죽어서 영원한 생명이 되는 것은. 더 이상 해야 할 일도 없고 되어야 할 사람도 없다면, 얼마나 안심이 되는지요. 물론, 당신은 여전히 어떤 일을 '하고' 어떤 사람이 '되는' 놀이를 할 수 있지만, 이제 더는 심각하지 않습니다.

• • •

깨어나고 싶습니까? 우선, 이 의자에 누가 앉아 있는지부터 살펴보십시오. 이 의자에 앉아 있는 사람이 아무도 없다는 것을 보게 되면, 깨어날 수 있는 사람이 아무도 없다는 것도 분명히 보게 됩니다.

. . .

바깥에서 빗방울 떨어지는 소리가 들립니다. 그런데 그 소리를 누가 듣습니까? 그리고 어디가 '바깥'인가요? 주의 깊게 들어 보십시오. 오직 그 소리만 일어나고 있을 뿐입니다. 뚝뚝 똑똑 뚝뚝 똑똑. 그 소리뿐입니다. 그런데 듣고 있는 사람은 어디에 있습니까? 당신은 결코 그 사람을 찾지 못할 것입니다. 당신은 그저 뚝뚝 똑똑 뚝뚝 똑똑 하는 소리만 발견할 것입니다. 단지 소리들이 일어나고 있을 뿐입니다.

그리고 그 소리는 '안쪽'에 반대되는 것으로서 '바깥'에서 일어나는 것이 아닙니다. 그 소리는 바로 여기에서, 모든 것이 일어나는 유일한 곳인 바로 여기에서 일어나고 있습니다. 바깥이나 안쪽 너머에서, 우리의 삶을 규정하는 상반되는 쌍들 너머에서, 모든 것이 여기에서 일어납니다. 빗방울, 생각, 전쟁, 집단 학살, 록 콘서트, 태양계, 아픔, 모든 것.

그런 다음 당신은 실제로는 '여기'도 없다는 것을 보게 됩니다. '여기'는 그 반대인 '거기'를 요구합니다.

그 이분법조차 사라지면, 당신에게 남은 것은 오직…… 뚝뚝 똑똑 뚝뚝 똑똑.

어쩌면 그것조차 아닐 수 있습니다.

· · ·

고요함이라는 것은 없습니다. 정말로 고요함에 귀를 기울여 보면, 그것은 그저 살아 있음으로, 생명으로 가득 차 있음을 알게 될 것입니다. 고요함이 시끄러움입니다. 시끄러움이 고요함입니다. 그것들은 둘이 아닙니다.

문제는 우리가 고요함을 원하고 시끄러움은 원하지 않는다는 것입니다. 우리는 시끄러운 마음보다는 고요한 마음을 원합니다. 그것은 마치, 우리가 고요히 명상하기를 원할 때는 방 안에서 윙 윙거리는 파리의 작은 소리가 너무 큰 소음으로 느껴져서 명상이 방해를 받는 것과 같습니다. 그래서 우리는 파리를 거부합니다.

생각들도 마찬가지입니다. 우리는 좋은, 행복한, 영적인, 사랑이 담긴 생각들을 원하지만, 다른 종류의 생각들은 원하지 않습니다. 그래서 만약 다른 종류의, 윙윙거리는 파리 같은 생각들이 나타나면, 그런 생각들을 없애려 하게 됩니다. 우리는 자기 자신과 전쟁을 벌입니다. 마음이 마음과 전쟁을 벌입니다.

그 전쟁이 사라지면, 생각들은 있도록 허용됩니다. 어떤 생각이든 허용되며, 모든 생각이 허용됩니다. 생각들은 모두 여기에 적당한 자리를 얻습니다. 세상에 있는 모든 파리가 올 수 있습니다. 그러나 더 이상 '고요함'이라 불리는 것을 향해 가는 데 관심이 없고, '시끄러움'이라 불리는 것을 거부하는 데 관심이 없기 때문에, 파리들은 그들이 원하는 만큼 오래 머물 수 있습니다. 그것이 바로 사랑입니다.

• • •

당신은 생각을 멈출 수 없습니다. 당신이 생각을 시작했나요? 만약 당신이 스스로 생각을 하고 있었다면, 만약 고통스러운 생각을 스스로 창조하고 있었다면, 당신은 생각을 멈출 수 있을 것입니다. 지금 당장 멈출 수 있으며, 애초에 시작하지도 않았을 것입니다.

알겠습니까? 생각들은 당신의 것이 아닙니다. 저 바깥에서 지저귀는 새가 당신의 것이 아닌 것과 마찬가지로, 생각은 당신의 것이 아닙니다. 새들은 노래하고, 생각은 일어납니다. 끝.

・ ・ ・

아무것도 없을 수도 있었습니다. 그럼에도 불구하고 여기에 무언가 있는 것처럼 보입니다. 어둡고 텅 빈 허공만 있고, 그것을 알자가 아무도 없을 수도 있었습니다. 그럼에도 불구하고 여기에 무언가 일어나고 있는 것처럼 보입니다. 보이는 모습, 소리, 냄새, 색깔, 움직임이 있는 것처럼 보입니다. 몸, 나무, 꽃, 자동차. 전쟁, 암(癌), 강아지. 아무것도 없을 수도 있었지만, 그럼에도 불구하고 무언가 있습니다.

그것이 유일한 기적입니다. 여기에서 한 치도 벗어날 필요가 없습니다. 우리는 우리의 눈앞에서 펼쳐지고 있는 기적을 언제나 보고 있습니다. 우리가 얼마나 운이 좋은지를 우리는 아는 걸까요?

· · ·

  사람들은 묻습니다. "모든 것이 '하나'라는데, 왜 분리되어 있는 것처럼 보이는 거죠?"

  오직 분리된 사람만 그렇게 물을 것입니다. 파도가 바다를 둘러보다가 묻습니다. "모든 것이 바다라는데, 왜 이렇게 많은 파도들이 있는 거죠?"

  물론, 분리된 파도는 한순간도 존재한 적이 없습니다. 그러므로 질문은 사라지고 답은 더없이 분명해집니다.

· · ·

  왜 '하나'가 둘로 나타나는 것처럼 보일까요? 실제로는 그렇게 나타나지 않습니다. 하나임은 어떤 것으로 '나타나지' 않습니다. 나타나는 모든 것이 바로 그것입니다.

  사실 하나임은 아무것도 하지 않습니다. 그것은 어떤 것과도 분리되어 있지 않기 때문입니다. 우리는 사실 그것을 '하나임'이라

212

고도 부르지 않아야 하지만, 그래도 이 단어보다 좋은 용어는 찾기 어렵습니다. 우리는 용어에 대해 논쟁하느라 미칠 지경이 될 수도 있습니다.

• • •

많은 영적 가르침들은 지금 이 순간을 알아차리게 하거나, 지금 있는 것에 관심을 기울이게 하거나, 모든 것을 있는 그대로 허용하게 하거나, 또는 지금 일어나는 일과 더불어 평화롭게 지내게 하려고 합니다.

내가 여기서 말씀드리는 것은, 오로지 지금 일어나는 일만 있을 뿐이며, 관심을 기울이거나 모든 것을 허용하거나 지금 일어나는 일과 더불어 평화롭게 지낼 수 있는 사람은 존재하지 않는다는 것입니다. 그런 사람이 있다는 것은 지금 일어나고 있는 일과의 분리를 암시하며, 그것이 바로 근본적인 환상입니다. 그런 환상은 해탈 속에서 사라집니다. 오직 지금 보이는 모습들과 소리들, 냄새들만 있을 뿐, 현존할 수 있거나 현존할 수 없는 사람은 아무도 없습니다.

"나는 지금 있는 것과 함께 현존한다."는 것은 그저 또 하나의 '정체성'에 불과합니다.

현존할 사람이 아무도 없다면, 현존한다는 관념은 아무 쓸모가 없어집니다. 그러면 오직 현존만 있으며, 그것을 알 수 있는 사람은 없습니다.

· · ·

자기-축소 이전에는, '나' 이전에는, 세상이 없습니다. 오직 알아차림만 있을 뿐, 알아차리는 자는 없습니다. 오직 의식만 있을 뿐, 의식하는 자는 없습니다. 오직 '존재'뿐입니다. 존재는 완벽하게 그 자체이며, 그 자신을 전혀 알아차리지 못하고 있습니다. 왜냐하면 '나' 이전에는 둘이 없는데, 어떤 것이 그 자신을 알아차리기 위해서는 둘이 되어야 하기 때문입니다.

'나' 이전에는 전혀 아무것도 없으며, 아무것도 없음을 아는 자도 없습니다. 그리고 매일 밤, 꿈도 없는 깊은 잠 속에서, 몸은 하루 동안의 축소를 끝내고 자기를 치유하며, 자기-축소는 '존재'의 바다로 돌아갑니다. 거기에는 전체뿐이며, 분리된 개인은 찾아

볼 수 없습니다.

그런 다음, 아침이 되면 자기-축소가 일어납니다. 존재는 끝없이 넓은 바다에 있는 분리된 파도라는 환상을 주기 위해 스스로 축소됩니다. 그렇다는 것을 알아차리기도 전에, 당신은 하나의 인간을 갖게 됩니다. 당신은 한 사람을 갖게 되며, 그는 세상을 내다보면서 시간, 공간, 탄생, 죽음을 봅니다. 당신은 하나의 개인을 갖게 되며, 그는 어떤 수준에서는 그 개별성에서 해탈되기를 간절히 원하며, 수많은 방법으로 자유를 추구하면서 남아 있는 나날들을 보낼 것입니다.

그렇지만 매일 밤 꿈도 없는 깊은 잠 속에서, 그 개인은 흔적도 없이 지워집니다. 아주 견고하고 실재해 보이는 어떤 것이 신기루에 불과한 것으로 밝혀집니다. 축소된 자의 눈으로 보면, 그 모든 것이 얼마나 비극적으로 보일까요. 그러나 맑은 눈으로 보면, 그 모든 것은 얼마나 완벽하고 얼마나 재미있고 얼마나 가벼울까요.

· · ·

거울이 있습니다. 갑자기 원자들과 바다들, 전쟁들, 초신성들과 갈매기들이 거울 앞에서 춤추고 뛰어놀며, 그것들이 거울에 비칩니다. 당신은 거울에 비친 모습을 지켜봅니다. 연인들이 포옹을 하고, 한 남자는 암에 걸려 고통 속에서 죽어 가며, 어떤 사람은 태어나고, 어떤 사람은 뛰어난 배우가 되거나 탁월한 사업가가 되고, 어떤 사람은 암 치료법을 발견하고, 어떤 사람은 영적인 지도자가 되며, 어떤 사람은 모든 돈을 잃어버립니다. 잠시 후, 춤이 끝나자 당신은 거울을 바라보고는 가까이 다가가서 자세히 살펴봅니다. 그리고 그 거울이 춤이 시작되기 전만큼이나 깨끗하고 순수하고 신선하다는 것을 알아차립니다. 거울은 그 안에서 일어난 어떤 일에도 오염되지 않았습니다.

그런 다음, 당신은 거울에 비친 것과 거울을 분리할 수는 없다는 것을 깨닫습니다. 거울이 곧 비친 모습이었고, 비친 모습이 곧 거울이었습니다. 그것들은 둘이 아닙니다.

그런 다음, 당신은 실제로는 거울조차 없다는 것을 깨닫습니다. 당신도 없다는 것을.

• • •

지적으로 사고하는 사람들은 묻습니다. "'나'도 없고 '너'도 없다면, 왜 자비가 필요할까요? 그냥 뒤로 물러앉아서 세상이 고통받도록 내버려두어도 되지 않을까요?" 아주 좋은 질문입니다.

그러나 우리는 둘이 아니고, 당신의 아픔이 곧 나의 아픔이며, 당신의 고통이 곧 나의 고통이라는 것, 이것이 바로 자비의 본질입니다. 자비가 있을 수 있는 것은 우리가 분리되어 있지 않기 때문입니다. 그래서 나는 노부인이 무거운 장바구니를 들고 끙끙거리며 도로를 건너는 모습을 보는데, 비록 우리는 분리되어 있지 않지만, 비록 '나'도 없고 '노부인'도 없지만, 비록 그 모두가 꿈일 뿐이며 그녀의 고통이란 마음의 환상에 불과하지만, 비록 우리는 여기에 앉아서 무엇이 실재하는 것이고 무엇이 실재하지 않는 것인지에 대해 몇 년 동안이나 논쟁할 수 있지만, 나는 이 몸이 움직여서 길을 건너간 뒤 (나에게는 존재하지도, 존재할 수도 없는) 노부인을 돕는 것을 봅니다.

왜냐하면 그것은 사실 자기를 돕는 것이기 때문입니다. 그것은 노부인을 자기 자신으로 보며, 그래서 길을 건너 자기를 도우려는 움직임이 일어납니다. 당신이 존재하지 않는다면, 달리 무슨 할 일이 있겠습니까? 여기에 지켜야 할 것이 아무것도 없다면, 지금 일어나는 일에 대한 열려 있음만 있을 뿐입니다.

그리고 지금, 나는 도로를 건너가는 두 발을 봅니다. 지금은 그 두 발이 가만히 멈추어 있는 것을 봅니다. 지금은 발이 움직이고, 지금은 발이 움직이지 않습니다. 발이 어디로 가고 있는지는 알 길이 없습니다. 발은 움직이거나 움직이지 않습니다.

그것은 정체되어 있는 것 같지 않습니다. 그것은 뒤로 물러앉아서, "모두 꿈인데 왜 신경을 써야 하지? 아무것도 실재하지 않는데, 무슨 의미가 있겠어?"라고 말하는 것 같지 않습니다. 그것은 남에게 전해 들은 그런 완고한 개념들을 위해 쓸 시간이 없습니다. 그것은 완전히 살아 있습니다. 그것은 그저 삶에 반응할 뿐입니다. 세상의 모든 지적인 토론과 논쟁은 그것의 살아 있음을 건드릴 수 없습니다.

그것은 저 노부인을 돕기 위해 움직이거나, 움직이지 않습니다. 할 수 있으면 돕고, 할 수 없으면 돕지 않습니다. 그것은 "나는 좋은 사람이어야만 해, 나는 길을 건너는 노부인들을 도와야만 해."라는 융통성 없는 자리에서 나오는 것이 아닙니다. 그것은 어떤 개념적인 자리에서 나오는 것이 아닙니다. 만약 그것이 개념적인

218

자리에서 나온다면, 그것의 행위는 완고하고 강압적이며, 어쩌면 부적절할지도 모릅니다. 그리고 노부인은 도움을 원치 않을 수도 있습니다. 만약 당신이 어떤 고정된 입장에서, 판에 박힌 도덕심으로, 선대로부터 전해 내려온 규칙과 규율의 목록에 따라 행동한다면, 그 순간에는 혼자 있는 것이 정말 필요한 사람에게 억지로 도움을 주려고 할지도 모릅니다. 때로는 그냥 지나치는 것이 가장 '자비로운' 행동일 수도 있습니다.

그것은 지금 일어나고 있는 일에 반응하며, 그것이 보이는 반응은 언제나 신선하며 미리 알 수 없는 것입니다. 그리고 반응이 끝난 뒤에는 자신이 좋은 사람이라든가 자비로운 사람이라는 느낌이 없습니다. 이 일에 관련된 사람은 아무도 없다는 것이 너무나 분명하기 때문입니다. 단지 돕는 움직임이 있었거나 없었을 뿐입니다. 자신이 하지 않은 일로 칭찬받을 수는 없는 노릇입니다.

지금 일어나고 있는 일을 위하여 사라지는 것, 이것이 자비의 본질입니다. 온 우주가 펼쳐질 수 있을 만큼 한없이 드넓고 열린 공간, 그 우주와 분리되어 있지 않은 그 공간 속으로 사라지는 것.

모든 것은 끝나고, 그 모든 것의 신비만 남습니다. 도로를 건너는 노부인들을 돕는 행위의 신비!

· · ·

영원한 것은 아무것도 없습니다. 이 삶은 놀라울 만큼 쉽게 부서질 수 있으며, 너무나 아름답게 투명합니다. 당신은 가진 것을 잃을 수도 있습니다. 사랑하는 사람들이 죽을 수도 있습니다. 당신의 가장 탁월한 성취들이 까맣게 잊힐 수도 있습니다.

불교인들이 늘 말했듯이, 모든 괴로움의 근원에는 덧없는 것에 대한 집착이 있습니다. 그래서 집착하지 않는 상태로 들어가기 위해 모든 집착을 포기하려고 노력할 수 있습니다.

하지만 그것은 또 하나의 집착이 될 뿐이며, 집착하지 않음에 대한 집착은 아마 모든 집착 가운데 가장 큰 집착일 것입니다.

모든 집착이 떨어져 나가면 어떤 일이 벌어질까요?

· · ·

예수가 못 박혀 있는 십자가 상(像)의 핵심에는 영원한 삶이 있습니다. 세상에서 겪는 가장 극심한 고통의 중심에, 부러진 뼈들과 갈기갈기 찢긴 피부의 한복판에, 바로 거기에 영원이 있었습니다. 예수는 십자가에서 도망치려 하지 않고 자진해서 그의 죽음을 향해 걸어갔습니다. 왜냐하면 그는 세상의 모든 폭력도 '파괴될 수 없는 것'을 파괴할 수는 없음을, '흔들릴 수 없는 것'을 흔들 수는 없음을, 태어난 적도 없고 죽지도 않는 생명의 본질 그 자체를 건드릴 수는 없음을 알았기 때문입니다.

• • •

붓다는 깨닫지 않았습니다.

예수는 십자가에 못 박히지 않았습니다.

어떻게 그럴 수 있을까요?

당신을 위한 선(禪) 공안(公案)[9]입니다.

*힌트 아무도 없다면, 대체 누가 무엇을 할 수 있을까요? 깨달음을 얻거나

---

9 선가(禪家)에서 깨달음을 구하기 위해 참선하는 수행자에게 해결해야 할 과제로 제기되는 부처나 조사의 파격적인 문답 또는 언행(言行). 큰 의심을 일으키게 하는 부처나 조사의 역설적인 말이나 문답. 화두(話頭)와 같음.

십자가 위에서 죽는 것은 말할 것도 없고.

. . .

죽음은 두려워할 어떤 것이 아닙니다. 왜냐하면 죽음은 '어떤 것'이 전혀 아니기 때문입니다.

매일 밤 우리는 죽습니다. 그렇다는 것을 알아차리지 못할 뿐입니다. 매일 밤, '나'에 관한 이야기는 사라집니다. 과거, 현재, 미래가 사라집니다. 나와 나의 어려운 문제들, 나와 나의 성취들, 나와 나의 영적 추구, 나와 나의 불확실한 미래 등 그 모든 것이 사라집니다.

꿈도 없는 깊은 잠 속에는 전혀 아무것도 없고, 결코 아무것도 없으며, 아무것도 없다는 것을 알 사람도 없습니다. 꿈도 없는 깊은 잠 속에서는 당신은 죽었고, 아무 의문도 없습니다.

우리는 왜 죽음을 두려워할까요? 매일 밤 우리는 죽는데 말입니다.

그 뒤 우리는 아침에 일어나서 "어젯밤에 잘 잤어."라고 말합니다. 물론, 당신이 잘 잔 것은 아닙니다. 당신은 거기 없었기 때문입니다. 당신은 잠을 잔 적이 없습니다. 당신은 잠을 자지도 않고, 죽지도 않습니다.

그러나 연속성이라는 환상은 계속됩니다. 그래서 "나는 어제 있었던 사람과 동일한 사람이다. 나는 잠들었던 그 사람이며 잠에서 깨어난 그 사람이다. 나는 태어난 그 사람이며 죽게 될 그 사람이다."라는 연결이 있습니다. 그 연결을 통해 우리는 한 사람이라는 환상을 얻게 됩니다.

• • •

아무도 죽은 적이 없습니다.

바로 지금, 오직 현존만 있습니다. 우리가 죽음이라 부르는 것이 오기 직전에도, 오직 현존만 있습니다. 우리가 죽음이라 부르는 것이 닥쳐도, 오직 현존만 있습니다. 사라지는 것은 사람입니다. 사라지는 것은 삶과 죽음을 나누는 사람, 둘 중 하나는 사랑하면서 다른 하나는 두려워하는 사람입니다. 사라지는 것은 사라질 수 있는 모든 것입니다. 그리고 남아 있는 것은, 그것이 무엇인지 알 길이 없습니다. 우리가 그것에 관해 무슨 말을 하든, 그 모든 말은 순전히 관념적인 것입니다.

따라서 죽음이란 알지 못하는 것, 알 수 없는 것, 태어나지 않은 것, 죽지 않는 것 속으로 뛰어드는 것입니다. 그것조차 너무 많은 말입니다. 그것조차 개인이 하는 말입니다. 개인이 없다면, 아무 것도 없습니다. 세상도 없습니다. 탄생도 없습니다. 죽음도 없습니다. 시간도 없습니다. 공간도 없습니다. 그 안에서 죽을 세상도 없고, 죽을 사람도 없습니다. 죽음의 순간에 사라지는 것은 죽을 수 있는 사람입니다.

아무도 죽음을 경험한 적이 없습니다. 우리는 오직 우리가 아는 것만 경험할 뿐입니다. 죽음이란 우리가 죽음에 대해 아는 것입니다. 아무것도 알지 못한다면, 경험도 있을 수 없고, 죽음도 있을 수 없습니다.

당신은 자신이 죽을 것이라고 생각하십니까? 그렇다면 먼저 당신이 태어났는지부터 알아보십시오.

· · ·

　두려움 속에서 살고 있는 여인은 사실은 두려움에서 자유로워
지기를 원하는 것이 아닙니다. 그녀는 '두려움 속에 살고 있는 여
인'에게서 자유로워지기를 원합니다.

　암으로 죽어 가는 남자는 사실은 암에서 자유로워지기를 원하
는 것이 아닙니다. 그는 '암으로 죽어 가는 남자'에게서 자유로워
지기를 원합니다.

　구도자는 사실 깨어남이나 깨달음을 원하는 것이 아닙니다. 그
는 구도자에게서 자유로워지기를 원합니다.

· · ·

당신이 그 무엇보다 두려워하는 것은 당신 자신의 부재입니다.
그런데 당신 자신의 부재는
당신이 그 무엇보다 갈망하는 것이기도 합니다.

하지만 당신의 부재는

'당신' 이 경험할 수 있는 것이 아닙니다.

그것이 바로 죽음이 없는 이유입니다.

. . .

커다란 발견:
삶은 '당신' 이 필요하지 않습니다.

. . .

나는 침대에 누워 있습니다. 의사들은 내 엉덩이 안쪽에서 큰 종기가 자라고 있다고 말해 주었고, 나는 그것을 제거하기 위해 기다리는 중입니다. 엉덩이 쪽에는 타는 듯하고 찌르는 듯한 통증이 있습니다. 통증 때문에 거의 기절할 지경입니다.

하지만 지금 느껴지는 이 통증도 역시 '이것' 임을 아는 것은 얼마나 놀라운 일인지요. 내가 영적 구도자였을 때는 모든 통증과 고통에서 벗어나, 스승들과 구루들에게 전해 들은 '깨달음' 이라는 붙잡기 힘든 어떤 상태에 도달하기를 바랐습니다. 나는 고통을 원하지 않았고, 고통에서 벗어나기를 원했습니다.

그때 내가 미처 알아차리지 못한 것은, 고통에서 벗어나려 했던 추구가 바로 고통을 창조하고 있었다는 점이었습니다. 고통과 '고통에서 벗어남'은 언제나 함께 하며, 흑과 백, 위와 아래, 부재와 현존, 주체와 객체도 마찬가지로 언제나 함께 합니다. 상반되는 쌍들은 서로를 창조하며 서로를 유지합니다. 고통에서 벗어나려는 나의 추구는 어떤 고상하고 가치 있고 '영적인' 추구인 척 가장을 했지만, 실은 고통의 거부에 불과한 것이었습니다. '저 바깥에서' 깨달음을 찾고 있던 나의 추구는 지금 여기에서 일어나고 있던 일에 대한 거부였습니다.

고통은 적이 되었습니다. 지금 있는 것은 적이 되었습니다.

추구가 없는 요즘에는, 지금 이 순간 느끼는 모든 감각이 여기에서 환영받는다는 것을 알게 됩니다. 통증조차 이것의 일부입니다. 그리고 사실은 이제 그것을 '통증'이라 부를 수도 없습니다. 이것이 무엇인지 알지 못하기 때문입니다. 순간순간 감각은 지나가지만, 통증이라 부를 수 있는 어떤 실체는 없습니다. 모든 것은 완전히 텅 비어 있음 속에서 일어나고 사라지며, 아무 흔적도 남기지 않습니다. 한순간 전의 통증은 어디 있나요? 그것은 언제나 사라집니다. 통증은 언제나 통증에 대한 이야기입니다. 그것은 언제나 과거에 대한 이야기입니다.

그것은 마치 통증—꼭 이름을 붙여야만 한다면—은 느껴지지만, 통증 속에는 아무도 없는 것과 같습니다. 그저 통증이 일어나고 있을 뿐입니다. 그저 지금 통증이 일어나고 있거나, 일어나지 않을 뿐입니다. 그뿐입니다. 그것은 놀라우리만큼 단순합니다.

내 말을 오해하지는 마십시오. 통증은 아픕니다! 그리고 가끔 고통이 극심하면, 제프는 욕을 내뱉으며 신음할 수도 있습니다. 하지만 욕과 신음이 표면 아래로 내려가지는 못합니다. 마침내, 평생에 걸친 거부 끝에, 통증은 있는 그대로 있도록 허용됩니다.

해탈은 날것 그대로입니다. 여기에는 어떤 것을 차단할 수 있는, 경험의 어떤 측면을 거부할 수 있는 사람이 없습니다. 따라서 통증은 날것 그대로이며 몹시 생생합니다. 모든 방어가 사라지면, 모든 것은 지금 나타나는 모습 그대로, 가장 날것 그대로, 가장 정직한 모습으로 있을 뿐입니다.

228

통증은 누구에게 일어나는 것이 아닙니다. 이 말은 완전한 역설처럼 들립니다. 통증은 분명 '어떤 사람'에게는 일어나고 있기 때문입니다. 내 말은, '한 사람' 말고는 어느 누가 그것을 통증이라 부르겠느냐는 말입니다. 이것을 말로 표현할 수 없는 이유는 그 때문입니다. 통증은 있지만, 여기에는 아무도 없으므로 통증은 없는 것입니다. 통증은 있지만, 그럼에도 없습니다. 고통은 부재하지만, 그럼에도 두 다리 사이의 찌르는 듯한 느낌을 누가 부정할 수 있겠습니까?

그래서 모든 것이 끝나고 그 모든 것의 불가사의만 남게 됩니다. 모든 것이 끝나고 모름만 남게 됩니다. 그저 세상이 '통증'이라 부르면서 거부하는 그 불가사의한 느낌만 있을 뿐입니다.

우리가 '통증'이라고 말하는 순간, 통증이 거기 있는 것처럼 들립니다. 마치 실체가 있는 것처럼, 실재하는 것처럼 들립니다. '통증'이라는 말은 지금 일어나고 있는 일의 살아 있음을 건드릴 수 없습니다. 지금 일어나는 일은 언제나 완전히 자유롭겠지만, 말은 언제나 나중에 생각하여 덧붙인 것입니다.

그나저나 진통제를 어디 두었더라?

・・・

우리는 너무 심한 통증을 두려워합니다. 그러나 '너무 심한' 통증이라는 것은 없습니다. 그 순간에 정확히 그만큼의 통증이 있을 뿐입니다.

지금 일어나는 이 통증의 느낌이 있고, 그것이 있는 전부입니다. 나머지는 이야기입니다.

"통증이 너무 심해! 못 참겠어! 난 죽게 될 거야! 대체 내가 왜 이런 일을 당해야 하지?" 모두 이야기입니다. 몸은 자체의 무한한 지성을 가지고 있습니다. 통증이 정말로 너무 심하면, 정말로 더는 버틸 수 없다면, 몸은 정지합니다. 기절하거나 기능을 완전히 멈춥니다.

내버려두면 몸은 알아서 스스로 돌봅니다. 몸은 당신이 '너무 심한' 고통을 당하지 않도록 그 기능을 멈추기까지 할 것입니다. 오직 자애로움만 있습니다.

・・・

"우리가 해탈에 이르기 위해 할 수 있는 일은 아무것도 없다고 말하지만, 당신은 책을 쓰고 강연을 합니다. 그런 행동은 우리가 할 수 있는 일이 있다는 것을 암시하는 게 아닐까요? 예컨대 당신의 책을 읽거나 강연에 참석하는 것 같은 일 말이죠. 당신은 또 스승들의 말에 귀를 기울이지 말라고 말하지만, 당신 자신이 스승인 것처럼 보입니다. 만약 당신이 말하듯이, 이것은 말로 표현할 수 없는 것이라면, 어째서 당신은 수고롭게 그것에 대해 강연을 하고 책을 씁니까? 혹시 속으로는 이것을 사람들에게 가르칠 수 있다고 믿는 것 아닐까요? 아니면 그저 돈을 벌거나 관심을 받기 위해서 그렇게 하고 있는 건가요? 어느 쪽이든, 당신은 '구루(guru)라는 덫'에 빠진 것이 아닌가요?"

이런 질문을 늘 받습니다. 그러면 보통 이렇게 대답합니다.

비이원성에 대해 얘기하지 않아야 하는 이유를 찾기로 하면 백만 가지라도 찾을 수 있습니다. 하지만 내가 늘 말하듯이, 왜 얘기하면 안 되는 걸까요. '왜'가 사라지면, 삶은 '왜 안 돼'라는 태도로 살아집니다. 고요함과 시끄러움이 동등해집니다. '이것'에 대해 얘기하지 않는 것과 '이것'에 대해 얘기하는 것이 동등해집니다. 그것은 말을 할 때도 있고, 말을 하지 않을 때도 있습니다. 평소에는 '이것'에 대해 말하지 않고 침묵합니다. 그러다가 누가 질문을 하면 대답을 하고 싶어질 때가 있습니다. 때로는 컴퓨터 앞에 앉아서 타이핑을 시작하며, 그러면 원고들이 책의 형태를 갖쳐 갑니다. 단어들이 어디에서 나오는지는 모릅니다.

비이원성에 대해 책을 쓰고 강연을 시작한 순간부터, 내가 구루라는 덫에 빠졌다고 비판받으리라는 것을 잘 알고 있었습니다. 내 말을 완전히 오해하리라는 것을, 조잡한 물건을 팔려 한다고 비판받으리라는 것을, 구루가 되고 싶어 하는 사람이라는 꼬리표가 붙으리라는 것을, 저 바깥의 다른 스승들이나 스승이라고 할 수 없는 사람들과 비교되리라는 것을……. 그것은 불가피한 일이었습니다.

사실, 오랫동안 이것에 대해 얘기하지 않으려 했습니다. 그것에 대해 침묵하면서 여생을 보내려 했습니다. 여기서 보게 된 것은 '이것'은 기적이며, 지금 일어나는 일보다 더 고귀하거나 거룩한 것은 아무것도 없으며, 지금 보이는 이 모습보다 더 '영적'인 것은 아무것도 없다는 것입니다. 여기에서 보게 된 것은 소통할 수 없는 친밀함이 여기에 있다는 것입니다.

그러니 어떻게 이 친밀함을, 이 현존을 말로 표현할 수 있겠습니까? 세상의 언어로 표현할 수 있겠습니까? 이원성의 언어로 표현할 수 있겠습니까? 나는 알았습니다. 이것에 대해 입을 여는 순간, 말은 전혀 그것을 담아 내지 못할 것임을. 내가 이것에 대해 한 어떤 말도 진실일 수 없음을. '말할 수 있는 도는 영원한 도가 아닙니다.' 말이란 이 살아 있음 앞에서는 너무 죽어 있는 것 같았습니다.

  게다가 나는 다른 사람을 개심(開心)시키는 데에 관심이 없었고, 다른 사람이 '이것'을 보도록 돕는 데에도 관심이 없었으며(결국, '누가' 그것을 본다는 말입니까?), 특별한 사람이 되는 데에도 관심이 없었습니다. 대체 내가 무슨 수로 특별해질 수 있겠습니까? 대체 내가 무슨 수로 나 자신을 다른 사람들과 분리할 수 있으며, 나 자신을 '특별하다'고 말할 수 있겠습니까? 하지만 이것에 대해 얘기하는 순간, 제프가 특별해 보일 것이라는 점을 나는 알고 있었습니다. 그럼에도 불구하고, 이 통찰의 핵심은 제프가 전혀 특별하지 않다는 사실입니다. 의자나 카펫보다도 특별하지 않습니다. 그 모든 것은 신성한 표현입니다. 제프가 비이원성이라는 것에 대해 얘기하려고 입을 여는 순간, 사람들은 그를 중요한 인물로 여기거나, 그가 말할 거리를 가지고 있을 것이라고 생각하거나, 그가 돈을 벌기 위해, 관심을 받기 위해, 명성을 얻기 위해, 구루가 되고 싶어서 그렇게 한다고 생각할 것입니다. 이것은 불가피한 일입니다. 그런 투사들이 일어나는 것을 막을 수는 없습니다. '이것'에 대해 얘기하지 않으려 했던 까닭은 애초부터 그렇다는 것을 알았기 때문입니다.

　그러던 어느 날 강연 초대를 받았고, 입이 "예."라고 말했습니다. 이전에는 "아니요."라고 말했는데, 이제는 "예."라고 말하고 있었습니다. 이것을 보는 관점에서는 "아니요."와 "예."가 완전히 동등합니다. 그리고 얼마 후, 제프는 작은 무리의 사람들 앞에 서게 되었고, 말들이 나오기 시작했습니다. '내'가 말하고 있다는 느낌은 여전히 없었고, 말할 것이 있다는 느낌은 여전히 없었습니다. 말할 거리는 여전히 없었으며, 말들은 여전히 나오기도 했고 나오지 않기도 했습니다. '다른 사람들'이 경청하고 있든 그렇지 않든, 봄(seeing)은 동일했습니다. 그리고 이제 청중은 조금 더 늘었지만, 실제로는 아무것도 바뀐 것이 없습니다. 그것은 여전히 친구들과의 나눔입니다. 그리고 많은 모임들에서 제프가 청중들 앞에 앉아서 이야기하고, 질문자들이 묻고 그가 대답하는 것처럼 보일지라도, 사실은 오직 하나임이 자기 자신을 만나고 있을 뿐이며, 어떤 가르침도 전혀 일어나고 있지 않습니다.

　하지만 세상은 자기의 이야기들을 얘기할 것입니다. 구도자가 사라지기 전에는, 더불어 축소된 자기를 자기로 여기는 자의식도

234

사라지기 전에는, 스승과 가르침과 구루와 계보들로 이루어진 세상이 있는 것처럼 보일 것이며, 그런 투사들이 계속해서 만들어질 것입니다. 구도자는 언제나 추구의 세계를 봅니다. 그 모든 투사가 사라지면, 어떤 구루도, 스승도, 가르침도 있을 수 없다는 사실이 충격적일 만큼 분명히 보이게 됩니다. 왜냐하면 어떤 사람도 있을 수 없기 때문입니다. 전체성은 이미 여기에 있으며, 그것은 분리된 개인과는 아무 상관이 없습니다. 우리는 이미 집에 있으며, 완전히 안심하게 됩니다.

그래서 세상은 제프에 대해 생각하고 싶은 대로 생각할 것입니다. 그는 돈을 벌기 위해 그런 일을 하는 것일까? 그는 자아도취에 빠져 있나? 그는 비이원성의 선교사인가? 그는 속으로는 자기를 구루로 여기는 것 아닐까? 그런 이야기들은 내게 더 이상 어떤 의미를 갖지 못합니다. 나는 브라이튼의 바닷가에서 누리는 평범한 삶으로 돌아와서 차를 마시고 그 모든 것을 잊을 뿐입니다. 나는 항상 이것을 친구들 사이의 나눔으로 보았습니다. 그 나눔은 끝날 때까지는 계속될 것입니다. 그렇게 단순합니다. 그것은 사랑에서 나와 사랑으로 돌아갑니다. 모든 것이 그리하듯이.

구루란 당신이 깨달음이나 깨어남을 찾도록 도울 수 있다고 진지하게 믿는 사람입니다. 얼마나 우스운지요. 구루들이 약속하는 '깨달음'이라는 꿈은 시간 속의 경험인데, 시간은 없습니다. 그것은 마음의 구조물인데, 마음은 없습니다. 그것은 한 사람을 위한 깨어남인데, 사람은 없습니다. 구루는 여전히 당신을 도움이 필요한 사람으로(그리고 여전히 자기 자신을 도움을 줄 수 있는 사람으로) 보기 때문에 그는 당신이 정말 한 사람이라는 환상, 깨달음이라는 것이 정말로 있다는 환상 속에 당신을 가두어 놓습니다. 그는 무지로 인해 당신을 시공간의 세계라는 함정에 계속해서 빠뜨립니다.

그 모든 것이 사라지면, 도울 사람도 없고, 깨어날 수 있었던 사람도 없다는 사실을 보게 됩니다. 그 안에서 구루-제자 또는 선생-학생의 관계는 흔적도 없이 지워집니다. 어떤 스승도, 구루도, 학생이나 제자도 없었습니다. 오직 조건 없는 사랑만 늘 있었습니다.

그러니 당신이 하는 일을 할 뿐, 세상이 당신에 대해 말하고 싶은 대로 말하도록 놓아두십시오. 그들이 당신을 십자가에 못 박도록 놓아두십시오. 그래서 그들의 기분이 좋아진다면. 그들은 자기의 꿈속 세상에서 당신에 대한 자기의 이야기를 십자가에 못 박고 있을 뿐입니다. 그들은 모든 것을, 말 그대로 존재하는 모든 것을 파괴할 수 있지만, 이 살아 있음은 결코 건드리지 못하고, 이 현존은 결코 더럽히지 못하며, '생명'에 조그만 흠집도 내지 못할 것입니다.

나는 세상이 나를 어떻게 보는지에 관심이 없습니다. 나는 이 메시지를 나눌 수 없을 때까지 나눌 것입니다. 그것을 나누는 순전한 기쁨을 위해서. 사람들은 귀 기울여 듣거나 외면할 것입니다. 어느 쪽이든 좋습니다.

지금 나는 차 한 잔을 홀짝거리면서 브라이튼 부두의 갈매기를 지켜봅니다. 털끝만큼도 문제가 없습니다. 내가 스승이나 구루라는 생각은 실소를 자아내게 합니다. 나는 아무것도 아닙니다. 차와 갈매기가 모든 것입니다. 내가 아무것도 아닐 때 세상은 모든 것이며, 그 모든 것은 여기에서 끝나고, 절대적인 단순함만 남으며, 오로지 그 모든 것에 대한 사랑만 있습니다.

오직 이것뿐, 오직 이것뿐, 언제나 영원히.

● ● ●

영적인 수행을 포기하라고 말하는 것이 아닙니다. 포기는 일어날 수도 있고, 일어나지 않을 수도 있습니다. 영적인 수행은 일어날 수도 있고, 일어나지 않을 수도 있습니다.

기억하십시오.
영적인 수행을 포기하려 하면 또 하나의 영적 수행이 될 뿐입니다. 영적인 수행에 반대하는 이데올로기는 또 하나의 이데올로기일 뿐입니다.

· · ·

조심하십시오. 마음은 이 책에 있는 모든 것을 또 하나의 목표로 바꿔 놓을 것입니다. "사람은 없다고? 나는 그것을 원해! 추구의 종말이라고? 나는 그것을 원해!"

내가 "나는 여기에 있지 않습니다."와 같은 말을 할 때, 조심하지 않으면 그런 말을 실제로 믿기 시작할 것입니다. 그것은 믿어야 할 개념이 아닙니다. 그것은 완전히 말을 넘어서 있는 뭔가를 가리키기 위한 일련의 말들입니다. 만약 그것이 믿음이나 개념으로 변질되어 버리면, 그것은 어떤 의미에서는 더 이상 진실하지 않게 됩니다.

자신이 '여기에 없다'고 정말로 굳게 믿는—그리고 그런 믿음을 당신과 자기를 분리하는 데 사용하는—사람은 자신이 '여기에 없다'는 매우 개인적인 이미지, 그림을 가지고 살아가고 있습니다. 그 점을 생각해 보십시오.

어제의 '깨어나는 체험'은 아주 쉽게 오늘의 자아도취가 됩니다.

· · ·

언젠가 어느 아드바이타(비이원론) 스승은 나에게 말하기를, 내가 '여전히 거기' 있는 것 같다는 '느낌'이 든다고 했습니다. 내가 '여전히 한 사람'이라고, 또는 나의 사람이 여전히 사라지지 않았다고, 또는 그 비슷하게 느꼈다는 것입니다. (그렇게 말하는 걸 보면) 그는 물론 더 이상 한 사람이 아니었겠지요. 그의 '사람'은 아마 그에게, 다른 사람들의 사람이 아직 사라지지 않았을 때 그렇다는 것을 느낄 수 있는 마법 같은 능력을 주고는 사라졌나 봅니다.

어쨌든, 자기에게는 사람이 없다고 주장한 어떤 사람에게는 그 모든 것이 매우 개인적인 일이 되었습니다.

이 개인적인 사람 없는 사람이 놓치고 있는 점은, 다른 사람의 현존이나 부재를 보거나 느낄 수 있는 것은 오직 사람뿐이라는 사실입니다. 그것은 모두 투사와 내사(內射)의 게임입니다. 교묘한 속임수들입니다. '여기' 있는 사람이 '저 바깥으로' 사람을 투사 하는 것입니다.

'여기'에 정말로 아무도 없을 때는 '저 바깥'에도 아무도 있을 수 없습니다. 그러한 투사가 더 이상 일어나지 않고 있다면, "나 는 여기 없지만 당신은 여전히 거기 있다."고 말할 수가 없게 됩 니다. 그것은 더 이상 말이 되지를 않습니다.

"나는 여기 없지만 당신은 여전히 거기 있다."는 것은 더 심한 분리일 뿐입니다. 해탈 속에서는 그 모든 것이 사라집니다.

· · ·

화는 결코 당신의 것이 아닙니다. 일단 그것이 '나의' 화가 되면 한도 끝도 없습니다. 일단 그것이 '나의' 분노라면, 그것은 바깥의 세상을 향하게 됩니다. "그가 나를 화나게 만들었어! 그는 그 대가를 치러야 해!" 이것은 폭력입니다. 이것은 전쟁입니다. 이것은 고통입니다. 나의 화 대(對) 세상.

하지만 그것은 실제로는 '당신의' 화가 아닙니다. 단지 화가 일어나는 것일 뿐입니다. 만약 화를 조작하거나 거부하는 사람이 없다면, 만약 화를 받아들이거나 초월하거나 사랑하려고 애쓰는 사람이 없다면, 만약 정체성을 구축하려 하는 사람이 없다면, 만약 더 나은 자아감을 얻기 위해 화를 이용하는 사람이 없다면, 만약 그저 화만 일어나고 있을 뿐 누구에게 화가 일어나는 게 아니라면, 화는 때가 되면 흐지부지 사라집니다. 화는 자기의 짧은 생을 살고는 흐지부지 사라집니다. 화는 바깥의 세상으로 투사되지도 않고, 자아라는 것으로 다시 내사되지도 않으며, 그러므로 화에는 아무 문제가 없습니다. 화는 단지 에너지의 표현에 불과합니다. 화는 지금 이 순간을 이루는 일부가 됩니다. 새는 저기에서 노래하고, 자동차는 저쪽에서 슝 하고 지나가며, 화가 일어나고, 작은 고양이는 다가와서 당신의 다리에 몸을 비빕니다. 화는 단지 지금 일어나고 있는 다른 무엇일 뿐입니다.

화—또는 두려움, 또는 어떤 감정이나 느낌—는 여기에 자기의 정당한 자리를 가집니다. 영성이라고 하는 것은 너무 자주 화를 없애려 하고, 이른바 '부정적인' 감정들을 없애려 하고 '긍정적인' 감정이라는 것을 향해 나아가려고 할 때가 너무 많습니다. 그러나 이것은 잘못된 이분법입니다. 이것은 세상을 둘로 쪼갭니다. 이것은 폭력적인 행위이며, 폭력에서는 오직 폭력만 나올 수 있습니다. 일단 그러한 근본적인 분열이 발생하면 한도 끝도 없습니다. 인류가 이제까지 수많은 인류를 죽였다는 것은 놀랄 일도 아닙니다.

실재는 전체이며, 통합되어 있으며, 중단되지 않습니다. 그리고 명확히 보게 되면, 화조차 아무 잘못이 없다는 것이 깜짝 놀랄 만큼 분명해집니다. 그러면 화는 바깥의 세상을 향할 필요가 없습니다. 이제 화는 밖으로 나가서 죽이지 않으며, 해를 입히거나 괴롭히지 않습니다. 여기에는 방어하고 보호해야 할 것이 아무것도 없음을 보게 되기 때문입니다. 화가 일어나고 있을 뿐입니다, 그것은 어느 누구의 화도 아닙니다.

화가 자기의 짧은 삶을 살도록 허용되기만 하면, 아무 문제가 없습니다. 화는 그저 오고 갑니다. 두려움, 슬픔, 기쁨…… 그것들은 그저 오고 갑니다. 그것들은 오고 가며, 아무런 흔적도 남기지 않습니다. 당신은 "나는 화가 났어."라든가 "나는 두려웠어."라는 말조차 할 수 없습니다. 그렇게 말하는 순간, 화는 사라졌고, 두려움은 사라졌고, 모든 것이 사라졌고, 새로운 어떤 것이 와서 그것을 대신하고 있습니다. 모든 것은 깨끗하게 지워지고, 순수함으로 돌아갑니다.

· · ·

신은 언제나 우리 눈앞에 명백히 있는데, 어째서 우리는 신을 찾는 것일까요? 신은 모든 보이는 모습, 소리, 냄새 속에 있습니다. 나무들과 꽃들, 새들 속에, 자동차의 굉음 속에, 심장의 박동 속에 있습니다. 이런 말들 속에, 바깥에 있습니다. 하얀 종이와 검은 잉크 속에 있습니다. 공간 속에도 있고, 침묵 속에도 있습니다. 사이에도 있고, 보이는 것 속에도 있으며 보이지 않는 것 속에도 있습니다. 삶의 맥박 속에도 있고, 죽음의 평화 속에도 있습니다. 아기의 울음 속에도 있고, 노인이 임종 시 내는 가래 끓는 소리에도 있습니다. 모든 것 안에서, 모든 것으로서, 신은 노래합니다.

‘우주(universe)’ ¹⁰라는 말은 원래 ‘하나의 노래(one song)’를 의미
합니다.

이것…

나는 장례식장에 있습니다. 이모가 담긴 관이 땅 밑으로 내려지고 있습니다. 검은 옷을 입은 사람들이 훌쩍이며 눈물을 닦습니다. 이모의 모습들이 떠오릅니다. 살아 있는 모습들, 생생한 모습들, 춤추고 노래하는 모습들. 이것들은 이모에 대한 기억들이 아닙니다. 이것이 이모이며, 이모는 살아 있습니다. 큰 기쁨이 솟아납니다.

배가 꼬르륵거립니다. 아침부터 아무것도 먹지 못했습니다. 한 남자가 다가와 나의 상실에 대해 유감을 표현합니다. 상실? 나의? 내가 무엇을 잃었지? 여기서는 잃어버린 것이 아무것도 없습니다. 그럼에도 불구하고 나는 미소를 지으며 진심으로 고맙다고 말합니다.

검은 옷을 입은 사람들이 함께 모여 애도하기 시작합니다. 그들은 그들의 신에게 기도하고 있습니다. 그들의 울음소리는 후드득 후드득 떨어지는 빗방울소리, 자동차들 지나가는 소리, 그리고 빈 관이 빈 무덤의 측면에 부딪치면서 나는 삐그덕, 쿵 하는 소리와 뒤섞입니다. 아무도 땅에 묻히지 않고 있으며, 아무도 죽은 자를 위해 기도하고 있지 않습니다.

소변이 마려워집니다. 남자 화장실에 들어옵니다. 손 건조기 위에 낙서가 있습니다. '버튼을 누르고, 베이컨을 받으시오.'[11] 폭소가 터지고, 장례식이 잊힙니다. 만약 죽음이라는 것이 있다면, 이것이 바로 그것입니다.

집으로 돌아오니, 여자 친구가 방에 들어옵니다. 잠시 동안 나는 그녀를 알아보지 못합니다. 우리는 난생처음 포옹을 합니다. 아무 이유 없이, 우리는 반쯤 벗은 채로 스티비 닉스(Stevie Nicks)[12]의 노래에 맞춰 춤을 춥니다. "하얀 날개의 비둘기처럼, 그녀가

---

11 핸드 드라이어에 표시된 지시 사항을 가지고 농담을 한 것. 보통 두 개의 그림이 그려져 있는데, 하나는 버튼을 누르는 손 모양이다. 다른 하나는 붉은 물결 모양으로 표시한 열기 아래 손을 비비는 모양인데, 그것이 마치 떨어지는 베이컨을 받는 것 같다는 데서 나온 표현.

12 미국 출신의 여성 록 가수. 뒤에 나오는 노랫말은 그녀의 대표작 'Edge of Seventeen'의 일부이다.

부르고 있는 듯 노래를 부르네, 우, 우, 우." 완벽한 고요 속에서 우리의 몸이 미친 듯이 춤을 춥니다.

얼마 후, 나는 형편없이 낡은 집을 고쳐 주는 텔레비전 프로를 보고 있습니다. 노부인이 집에 돌아와서는 거실이 완전히 새롭게 바뀐 것을 발견합니다. 오, 그녀의 표정이 어떻게 변하는지! 눈물이 폭포처럼 쏟아집니다.

7

산은 다시 산이며
강은 다시 강이다

말은 그것을 전혀 담아 낼 수 없었습니다. 하지만 마침
내 평범한 삶을 살 수 있게 되었습니다. 그리고 그 평범
한 삶이 바로 유일한 기적이었습니다.

처음에는 나무는 나무였고,

산은 산이었으며,

강은 강이었다.

그러다가 나무는 더 이상 나무가 아니고,

산은 더 이상 산이 아니며,

강은 더 이상 강이 아닌 때가 도래했다.

이제, 나무는 다시 나무이고,

산은 다시 산이며,

강은 다시 강이다.

_선(禪) 이야기

짧은 이야기를 들려 드리겠습니다.

처음에는 나무는 나무였고, 산은 산이었으며, 강은 강이었습니다. 나는 평범한 삶을 살고 있는 평범한 사람이었습니다.

20대 중반에는 자살 충동을 느낄 만큼 심각한 우울증을 앓았고, 그 후 매우 진지한 영적 구도자가 되었습니다. 영적 깨달음이라는 관념에 사로잡혔고, 그것이 고통과 무지로 가득 찬 세상에서 벗어나는 궁극적인 도피처라고 여겼습니다.

모습의 세계는 당시의 나에게 감당하기 힘든 것이었습니다. 그래서 세상의 배후에 있는 텅 비어 있음으로 도망쳐서 거기서 살고 싶었습니다. 제프와 그의 모든 문제를 없애 버리고, '절대자'

속에서 친구인 붓다와 머물고 싶었습니다. 나는 존재의 문제들을 분명히 보았습니다. 즉, 모든 것의 무상함, 죽음의 필연성, 허구적인 자아, 모든 현상의 텅 비어 있음. 이런 것들에 대한 나의 반응은 세상과 거리를 두는 것이었습니다.

그렇지만 나는 너무 멀리 나갔고, 공(空) 속에 떨어지고 말았습니다. 세상과 너무 멀리 떨어지다 보니, 이제 세상은 내게 아무 의미도 갖지 못하게 되었습니다. 나는 무(無)라는 함정에 빠졌습니다. 나무는 더 이상 나무가 아니었고, 산은 더 이상 산이 아니었으며, 강은 더 이상 강이 아니었습니다. 이제 이름을 가진 것은 아무것도 없었습니다. 삶은 무미건조해졌고 기쁨이 사라졌습니다. 거기엔 내가 없었습니다. 당신도 없었습니다. 자아도 없었습니다. 다른 사람도 없었습니다. 세상도 없었습니다. 과거도 없었습니다. 길도 없었습니다. 미래도 없었습니다. 사랑도 없었습니다. 삶도 없었습니다. 아무 의미도 없었습니다.

날마다 옥스퍼드 주변을 정처 없이 걸었는데, 정말 아무것도 존재하지 않았고, 정말 아무 일도 일어나지 않았습니다. 세상도 없었고, 기억도 없었고, 아무것도 없었습니다. 오직 공(空)뿐이었습니다.

공원 벤치에 앉아 시간 없는 영원 속에 잠겨 있던 때가 생각납니다. 눈 깜짝 하는 사이에 주말이 지나가곤 했습니다. 같은 순간에 해가 뜨고 지며, 비가 내리고 그치며, 얼굴들과 목소리들이 나타나고 사라졌는데, 나는 그 어떤 것도 경험하지 못했습니다. 오로지 공(空)만 실재했고, 무(無)만 실재했습니다. 세상은 이제 나에게 존재하지 않았습니다. 그래서 나는 내가 깨달았다고 생각했습니다. 《황야의 이리(Steppenwolf)》에 있는 헤르만 헤세의 글은 마치 내 경험을 묘사한 것 같았습니다.

집도 친구도 보이지 않았고, 의자만 있었는데, 여기에서 보이는 무대에서는 이상한 사람들이 이상한 배역들을 연기하고 있었다. …… 시간과 세상, 돈과 권력은 소인배들과 얄팍한 사람들한테만 속한다. 그렇지 않은 사람들, 진실한 사람들에게는 아무것도 속하지 않는다.

나는 내가 바로 그런 진실한 사람이라고 믿었습니다. 여전히 '상대적인' 세계 속에서 길을 잃고 헤매는 저 무지한 바보들, 자기의 '참된 본성'을 알지 못하는 저 영적이지 못한 사람들 중 한 사람은 결코 아니라고 믿었습니다. 당시에는 비이원성이란 바로 이런 것이라고 생각했습니다. 비이원성이란 삶에서 멀리 거리를 두고 텅 비어 있음 속에 머무는 것이라고 생각했습니다.

하지만 그때 내가 알지 못한 것은, 삶과 완전히 거리를 두는 것이야말로 완전히 이원적이라는 사실이었습니다. 그러기 위해서는 거리를 두는 주체인 '사람'이 있어야 하고, 멀어지는 대상인 '세상'이 있어야 합니다. 물론, 평생 괴로움을 겪다가 텅 비어 있음을 발견한 뒤, 지옥으로 변해 버린 삶을 떠나 그 텅 비어 있음으로 도피하면 처음에는 안심이 되었습니다. 하지만 그 텅 비어 있음은 또 하나의 함정이 되고 말았습니다.

그 당시에 내가 완전히 놓친 것은, 텅 비어 있음이 완전한 충만함이라는 사실이었습니다. 나는 텅 비어 있음 속에 머물러 있었지만, 거기에는 여전히 그 머물러 있음을 행하는 '나'가 있었습니다. 텅 비어 있음은 아직 충만함 속으로 사라지지 않았습니다. 나는 아직 죽지 않았던 것입니다. 아직 모든 것과 사랑에 빠지지 못했던 것입니다. 그것이 바로 그 모든 것이 향하고 있던 곳이었습니다.

· · ·

마침내 세상과의 거리는 사라졌습니다. 결국은 모든 것이 사라집니다. 마침내 그 사람이 죽었습니다. 거리를 두거나 두지 못하는 사람이 죽었고, '이것이 그것이다' 라는 계시가 어느 누구도 아닌 사람에게 찾아왔습니다. 무미건조함은 사라졌고, 완전히 말을 넘어선, 완전히 언어를 넘어선, 그 모든 것의 절대적인 불가사의 속으로 뛰어듦이 있었습니다.

(그전에는) 오랫동안 생기 없는 무감각함이 있었습니다. 오랫동안 나는 뒤로 물러앉아서 나 없이 세상이 지나가는 것을 지켜보았습니다. 세상은 적이 되었습니다. 왜냐하면 그것은 본질적으로 실재하지 않았기 때문입니다. 사람들과 나누는 일상적인 관계는 의미를 잃어버렸습니다. 다른 사람들이란 없었기 때문입니다. 그것은 상대적인 것에 대한 부정이었고, 세상에 대한 부정이었습니다. 여전히 삶을 부정하는 '나'가 있었습니다. 그는 다른 사람들보다 더 '영적'이거나 '깨어난' 척했고, 안전하다고 느끼고 우쭐거리며 조금은 오만함까지 느꼈지만, 속으로는 공허감을 느꼈고 기쁨을 느끼지 못했습니다.

내가 처음 텅 비어 있음 속에서 발견한 자유는 감옥으로 변해 버렸습니다. 모습 없음 속에서의 자유는 모습에 대한 부정이 되어 버렸습니다. 그러나 수천 년 동안 불교의 《반야심경》은 우리에게 다음과 같은 사실을 상기시켜 왔습니다.

모습이 비어 있음이고 비어 있음이 모습이니, 비어 있음은 모습과 다르지 않고, 모습은 비어 있음과 다르지 않다. 모습 있는 것은 무엇이든지 비어 있는 것이요, 비어 있는 것은 무엇이든지 모습 있는 것이다.

• • •

그 다음, 그 모든 것이 사라졌습니다. 모습에 대한 부정은 더 이상 지속될 수 없었습니다. 그것을 말로 옮길 수는 없지만, 만약 그럴 수 있다면 이런 식으로 쓸 것입니다: 세상과 거리를 두었던 또 하루, 텅 비어 있던 또 하루, 옥스퍼드를 정처 없이 걸었던 또 하루를 보내고, 제프는 완전히 기진맥진해서 크라이스트 처치 메도우(Christ Church Meadow)[13]의 잔디 위에 쓰러졌는데, 나뭇가지 사이로 비치는 한 줄기 햇살이 눈에 들어왔습니다. 그때 '삶'이 말했습니다.

"살아, 제기랄, 살라고!"

비어 있음은 모습이 되었습니다. 모습은 비어 있음이 되었습니다. 그러자 모습도 없고 비어 있음도 없었습니다. 단지 '이것'만

---

13 잉글랜드 옥스퍼드에 있는 목초지. 산책과 소풍 장소로 유명한 곳이다.

있었는데, '이것'이 무엇인지는 더 이상 알 수가 없었습니다. 사람은 사라지고 경이감만 남았습니다.

나무는 다시 나무였습니다. 산은 다시 산이었습니다. 강은 다시 강이었습니다. 스타벅스는 다시 스타벅스였습니다. 모든 것은 제자리로 돌아갔습니다. 의자는 다시 의자일 수 있도록 허용되었는데, 동시에 물론 그것은 신성의 표현이었으며, 의자로 있는 게임을 하고 있는 '하나임'이었습니다. 한 잔의 커피는 한 잔의 커피일 수 있었습니다. 생각은 생각일 수 있었습니다. 감각은 감각일 수 있었습니다. 슬픔은 슬픔일 수 있었습니다. 사랑은 사랑일 수 있었습니다. 모든 것은 그 자신이었고, 아무것도 나의 것이 아니었습니다. 그리고 아무것도 나의 것이 아니었기에 모든 것이 나의 것이었습니다. 말은 그것을 전혀 담아 낼 수 없었습니다. 하지만 마침내 평범한 삶을 살 수 있게 되었습니다. 그리고 그 평범한 삶이 바로 유일한 기적이었습니다.

세상으로 다시 뛰어들었습니다. 비록 그것이 겉모습뿐인 세상이었지만, 비록 모두 꿈이었지만, 비록 '나'도 없고, '남들'도 없었지만……. 오랫동안 세상과 거리를 두고 있었고 거리를 두고 싶어 했지만, 갑자기 '지금 있는 것' 속으로 편안히 이완되었습니다. 모든 것이 아주 평범한 삶으로 돌아갔습니다.

그러나 추구는 죽었습니다. 구도자는 죽었습니다. 제프는 죽었고, '제프'가 다시 태어났습니다. 십자가에 못 박혀 죽는 것과 부활은 하나였습니다. 궁극적으로는 십자가에 못 박혀 죽은 사람도 없고, 부활한 사람도 없지만 말입니다. 그리고 그것이 바로 십자가의 궁극적인 메시지입니다.

'지금 있는 것'은 기적으로 보였습니다. 그리고 그것은 언제나 충분했습니다. '영성'이라는 관념은 쓸모가 없어졌습니다. 그런 개념은 더 이상 필요하지 않았습니다. '깨어남'과 '깨달음', '무(無)'와 같은 개념들은 쓸모가 없어졌습니다. 수행과 목표, 미래의 성취와 같은 개념들은 쓸모가 없어졌습니다. 왜냐고요? 잔디만으로도 충분했기 때문입니다. 나무만으로도 충분했습니다. 내 발 밑의 땅만으로도 충분했습니다. 나는 단단한 땅과 사랑에 빠졌고, 또는 단단한 땅이 그 자신과 사랑에 빠졌고, 평생 동안의 추구는 끝이 났습니다.

라마나 마하리쉬가 말했듯이,

세상은 환영이다.

브라만[14] 홀로 실재한다.

브라만은 세상이다.

브라만이 세상이었고, 그것은 모두 끝이 났습니다.

또는, 본재(本才)[15] 선사가 선언했듯이,

마침내 간파하였으니!

바닷물은 말랐고, 허공은 폭발하도다.

한 물건도 시야를 가로막지 않으니,

그것은 어디에나 있네![16]

• • •

14 브라만(Brahman)은 힌두교에서 우주의 근본적 실재 또는 원리를 가리킨다.

15 원문에는 'Joho'라는 이름으로 되어 있으나 그에 해당하는 선사를 찾을 수 없었
다. 제프가 인용한 시는《Zen Poems of China & Japan》(Grove press, 1973)에
실려 있다. 시의 내용과 일치하는 한문 전적을 찾아보니《운와기담(雲臥紀談)》
에 깨달음의 인연이 소개되어 있는 송나라 때의 임제종(臨齊宗) 황룡파(黃龍派)
승려 불심본재(佛心本才)가 확실한 것 같다.

16 깨달았다, 깨달았다/ 큰 바다는 물이 마르고 허공은 깨지는구나!/ 사방팔방에
나를 가로막는 난간이 없고/ 삼라만상이 모두 누설하는구나! (徹. 徹. 大海乾枯.
虛空迸裂. 四方八面絶遮欄. 萬象森羅齊漏泄.)

내가 "이것이 그것입니다."라고 하거나 "해탈은 당신이 얻을 수 있는 무엇이 아닙니다."라고 말할 때, 그것은 가르침으로 말한 것이 아닙니다. 그것은 이 통찰을 나누려는 하나의 시도입니다. 나는 스승이 아니며, 나 자신을 결코 스승으로 볼 수도 없습니다. 왜냐하면 여기에는 더 이상 어떠한 기준점이 없기 때문입니다. 나는 내가 누구인지 알 길이 없습니다. 나 자신을 나 자신에게서 분리시킬 수도 없고, 나 자신을 돌아보며 그것이 무엇인지 말할 수도 없기 때문입니다. 나는 스승도 아니고 제자도 아닙니다. 나는 아무것도 아니기 때문입니다. 당신이 나를 무엇이라고 부르든 나는 그것입니다. 그래서 나는 모든 것이기도 합니다. 나를 스승이라 부르건, 친구라 부르건, 아니면 무엇이라 부르지 않건, 상관이 없습니다. 당신이 바로 나 자신이며, 내가 바로 당신 자신입니다. 그 모든 것은 거기에서, 말을 넘어선 친밀함 속에서 끝납니다.

"아무것도 얻을 것이 없습니다." 이 말은 가르침이 아닙니다. 고백입니다.

여기서 보이는 것은, 그리고 여기서 보이는 것에 대해 유일하게 말할 수 있는 것은, 아무것도 얻을 것이 없다는 사실입니다. 왜냐하면 '이것'은 기적이기 때문입니다. 그리고 그런 말들이 가리키

260

고 있는 것을 들을 가능성은 언제나 있습니다. 그것과 공명할 가능성, 그것을 인식할 가능성이 있습니다. 어쩌면 이런 나눔이 일어나는 이유는 그 때문인지 모릅니다. 나는 모릅니다.

나는 나 자신을 스승으로 볼 수 없습니다. 나는 단지 책과 모임을 통해 말을 전할 뿐입니다. 그저 나의 노래를 부를 뿐입니다. 새들은 짹짹 지저귀고, 고양이는 야옹 울고, 이 마음-몸 유기체는, 또는 그것이 대체 무엇이든지 간에, 이따금씩 비이원성에 대해 재잘재잘 얘기합니다. 그러고는 집에 가서 차를 마십니다.

· · ·

당신이 비이원성에 대해 얘기하고 있다면, 당신은 언제나 말할 수 없는 무엇에 대해 말하고 있는 것입니다. 내가 만약 "이것은 이미 완전하며, 아무것도 얻을 게 없습니다."라고 말하면, 절대성 속에 떨어졌다고 비난받게 됩니다. 만약 "이것에 가까이 다가가기 위해 당신이 할 수 있는 어떤 일, 어떤 수행이 있습니다."라고 말하면, 나는 비이원성 근본주의자들한테 상대성에 떨어졌다고 비난을 받게 됩니다. 그들은 비이원성을 그들의 종교로, '수행 없는 종교'로 바꿔 놓았습니다. 붓다는 말했습니다.

자기의 자아와 다른 사람들의 자아라는 관념들뿐만 아니라…… 그러한 관념들이 실재하지 않는다는 모든 견해마저 버려라.

우리가 만약 자아라는 관념이나 무아(無我)라는 관념, 수행이 필요하다는 관념이나 수행이 필요하지 않다는 관념에 집착한다면, 우리는 이원성 속으로 떨어집니다. 나 역시 구도자였을 때 이런 이원성 속에 떨어졌고 다른 수많은 개념적인 함정들에 빠졌습니다. 그리고 이제 완전히 분명하게 보이는 점은, 어떤 개념이나 어떤 철학, 어떤 체계도—심지어 가장 오래되고 가장 정교한 것들이라도—비이원성을 담을 수는 없다는 사실입니다.

마음은 언제나 편히 쉴 곳을 찾고 싶어 합니다. 마음은 "자아는 없다."라거나 "선택권은 없다."라는 데에서 쉬게 되기를 바랍니다. 그러나 비이원성은 집 없는 자에게 집을 제공하지 않습니다. 그것은 알지 못함 속으로 자유낙하 하는 것입니다.

여기에는 모든 가능성, 모든 가능한 생각의 조합이 소진될 때까지는 결코 쉴 수 없었던 마음이, 사납고 폭력적인 지성이 있었습니다. 마음은 절대 자유보다 못한 것에는 만족하지 않을 것입니다. 수년간 수많은 함정을 간파했습니다. 수많은 무거운 생각의 구조물들이 그 토대부터 산산이 부서져 내렸고, 그것들이 실은 빛으로 이루어져 있다는 것이 통찰되었습니다. 맙소사, 수없이 많은 함정들이 있었고, 나 자신을 속이는 미묘한 방식들도 수없이 많았습니다. 마음이 어떤 개념, 생각의 구조, 믿음 체계에 안주하고 있으면서도 동시에—너무나 교묘하게도—모든 개념과 믿음들에서 해방되었다고 선언할 수 있는 방식도 수없이 많습니다. 에고는 마치 에고가 없는 것처럼 보일 수 있게 만드는 방식을 수없이 많이 찾을 수 있습니다.

"나는 에고가 없다! 나, 나, 나는 에고가 없다!"
그럼요, 그렇고말고요.

요즘 내가 "이것을 얻기 위해 당신이 할 수 있는 일은 아무것도 없습니다."라고 말할 때, 그 가리키는 말이 믿음으로 바뀌는 순간, 그 말은 더 이상 진실하지 않다는 것을 봅니다. 그러므로 "당신이 할 수 있는 일은 아무것도 없습니다. 모든 것이 부질없는 일입니다!"라는 말을 정말로, 진짜로 믿어 버리고는 하루 종일 침대에 머물고 있는 사람은 '귀 기울여 듣고' 있지 않았던 것입니다. 가리키는 말들이 그에게는 관념이 되어 버렸고, 믿음들로 굳어져 버렸으며, 그를 침체되게 하고 우울하게 합니다. 이것은 대단히 흔한 함정입니다. 나도 그 함정에 빠져 봐서 압니다.

개인도 없고 자아도 없다는 것이 진실이라고 정말로 '믿는' 사람들이 있습니다. 그들은 얻을 것이 아무것도 없다는 것을 정말로 믿습니다. 그들은 미래도 없고, 아프리카도 없고, 지구라는 행성도 없다고 정말로 믿습니다. 그 믿음이 문제입니다. 일단 그것이 믿음으로 변해 버리면, 그것은 정체됩니다. 그것은 믿음을 가진 개인입니다. 그것은 나의 믿음 대 당신의 믿음입니다. 그러면 그것은 끝이 없게 됩니다.

'이것'은 이미 완전하므로 아무 할 일이 없다는 것을 분명하게 보면, 침체는 없어집니다. 그리고 침대에서 벌떡 일어나, 알지 못하는 새로운 하루에 가슴을 완전히 열 수 있게 됩니다. '아무 할 일이 없음', 이것도 하나의 개념일 뿐입니다. '할 일', 역시 또 하나의 개념입니다.

나가르주나(용수)[17]는 말했습니다.

'있다'고 말하는 것은 영원하다는 견해에 집착하는 것이다.

---

17 2-3세기, 남인도 출신의 승려. 《중론(中論)》 등의 저술을 남겼다.

'없다'고 말하는 것은 허무하다는 견해에 집착하는 것이다.

그러므로 현명한 사람은

'있다'거나 '없다'고 말하지 않는다.

보리달마(달마 대사)는 말했습니다.

마음이 허구이며 어떤 실체도 없는 것임을 아는 사람은 자기의 마음이 존재하는 것도 아니고 존재하지 않는 것도 아님을 안다. 범부들은 계속해서 마음을 일으키면서 그것이 존재한다고 주장한다. 그리고 소승(小乘)들은 계속해서 마음을 부정하면서 그것이 존재하지 않는다고 주장한다.

마음은 존재한다, 마음은 존재하지 않는다. 할 일이 없다, 할 일이 있다. 수행하라, 수행하지 마라. 과거가 있다, 과거가 없다. 참나, 무아. 양극단 중 어느 한쪽에 집착할 필요도 없고, 양극단 모두를 부정할 필요도 없습니다.

비이원성을 가르치는 스승들(또는 자신은 스승이 아니라는 사람들)을 찾아간 사람들은 해탈에 이르기 위해 그들이 할 수 있는 일은 아무것도 없다는 말을 듣습니다. 그래서 그들은 포기하고 매우 우울해집니다. 이런 일이 자주 일어납니다.

하지만 보십시오. 이 놀라운 행성에는 헤아릴 수 없이 많은 할 일이 있습니다. 또는 그렇게 보입니다. 이것은 춤의 일부입니다. 모든 아이들이 알듯이, 이 세상은 모험할 것들로 가득 찬 놀이터입니다. 그것은 존재하는 것도 아니고 존재하지 않는 것도 아니지만, 어느 쪽이든 그것은 하나의 놀이입니다.

그러므로 모든 것은 끝나고, 그 모든 것의 절대적인 역설만 남습니다. 할 일이 하나도 없다, 할 일이 수없이 많다. 아무것도 없다, 뭔가 있다. 참나, 무아. 아무도 없다, 누군가 있다. 대립하는 것들은 각각 상대 속으로 사라지며, 비이원성은 결코 이해될 수 없는 것임을 알게 됩니다. 이것을 이해한다고 주장하는 사람이 있다면 최대한 멀리 도망가십시오! 이것은 완전히 말을 넘어서 있는 불가사의 속으로 뛰어드는 것입니다. 모든 책의 모든 말이 정말로 가리키는 것은 그것입니다.

그러고 나면 "이것이 그것이다."와 "길은 없다."와 같은 말들은 전혀 우울하게 하는 말이 아니라, 모두가 이 해탈을, 이 조건 없는 사랑을 가리키고 있음을 보게 됩니다. 그런 말들은 언제나 그것

266

을 가리키고 있었음을 보게 됩니다. 그때는 우리가 그것을 볼 수 없었을 뿐입니다. 예, 얻을 것은 아무것도 없습니다. 왜냐하면 그것은 모두 여기에 있기 때문입니다. 우리가 찾아 헤매던 친밀함과 조건 없는 사랑은 바로 '여기' 에 있음을 보게 됩니다.

그때까지는, 이 책에 있는 말들이 잘못된 방식("당신은 모든 것이 '하나임' 이라고 말하는데, 그렇다면 살인도 하나임이어야 한다. 그렇다면 내가 나가서 누구를 죽여도 괜찮을 것이다. 모두가 하나임이기 때문이다. 그렇지 않은가?")으로 받아들여질 위험이 항상 있습니다. 그런 위험이 있지만, 여기서 나누는 말을 듣게 될, 정말로 듣게 될 가능성도 있습니다.

그러면 모든 이원성/비이원성의 역설은 해소되고, 애초부터 역설은 없었다는 것을 보게 됩니다. '하나임' 이 그 자신을 겉보기에 분리된 존재들로 나타낸다는 것을 보게 됩니다. 사물들은 계속 분리된 것처럼 보이지만, 동시에 그것들은 모두 전체의 나타남입니다. 그것은 신이 추는 춤이며, 우주적인 오락이며, 릴라(신의 유희)이며, '모든 것(everything)' 으로 존재하는 '아무것도 아닌 것(nothing)' 입니다. 이 모든 말을 순전히 지적으로만 이해할 수도 있습니다. 그러나 여기서 가리키고 있는 것은, 이것을 단지 지적으로만 이해하는 것이 아니라, 이것을 분명히 보라는 것이며, 그런 봄(seeing) 속에서 모든 질문은 녹아 없어지고, 그 뒤에 남아 있는 것은 당신이 알 길이 없습니다.

그 모든 것은 끝나고, 불가사의만이, 절대 사랑만이 남게 됩니다. 바로 지금 그저 의자에 앉아 있음의, 그저 들어오고 나가는 호흡의, 그저 일어나는 소리들의 친밀함과 자유와 평화와 비어 있음과 충만함을 어떻게 당신에게 전달할 수 있을까요? 이것의 '있음'은 결코 말로 표현할 수 없으며, 그럼에도 그것은 계속해서 순간순간 빛을 발하고 있습니다. 비록 분리된 순간은 전혀 없지만 말입니다.

그래서 역설은 여기에서, 절대적인 단순함과 지금 있는 것의 경이로움 속에서 해소됩니다. 일어나는 호흡에서, 방 안의 소음에서, 머그잔에 담긴 홍차의 따스함에서, 비스킷을 먹을 때 나는 소리에서, 바지 위에 떨어지는 비스킷 부스러기에서. 평생에 걸친 추구는 여기에서 끝이 나고, 오직 홍차에 대한, 비스킷에 대한, 있는 그대로의 이것에 대한 감사만 있습니다. 차를 마시는 사람은 없고, 비스킷을 먹는 사람은 없으며, 이 글을 쓰고 있는 사람도 없지만, 그래도 여전히 그 모든 것은 얼마나 큰 기적인지요. 그리고 이보다 나은 무언가를 찾아다녔던 그 모든 세월 동안 나는 얼마나 미쳐 있었고 그 광기 속에서 무지했던지요. 내게 필요한 모든 것이 바로 지금 여기에 있는데 말입니다. 바로 여기, 내가 없는 곳에.

이것…

　나는 말기 암을 앓고 있는 남자를 돌보고 있습니다. 암은 그의 전립선과 고환으로 퍼졌고, 고환은 이제 테니스공만큼 부어올랐습니다. 배변 기능에 대한 통제력도 점점 상실하고 있어서 밤에 잠을 자는 동안 변을 보기도 합니다. 내가 그의 커다란 고환에 묻은 대변을 닦아 내는 동안, 우리는 어젯밤에 있었던 축구 경기에 대해 웃고 떠들면서 얘기합니다. 나는 그에게 고통이란 실은 없는 것이라고 말하지 않으며, "나는 해탈했지만 당신은 그렇지 않다."고 말하지도 않으며, 비이원성에 대해 언급조차 하지 않으며, 그저 그의 고환을 닦을 뿐입니다. 이것도 그것입니다.

　호스피스 병동에서 나는 한 여인의 손을 쥡니다. 그녀는 죽어가고 있습니다. 얼굴은 누렇게 떴고 호흡은 얕게 이어집니다. 옆에는 손도 대지 않은 인스턴트 토마토 수프 그릇이 놓여 있고, 공기 중에 퍼져 있는 소변 냄새와 염소 소독제 냄새가 코를 찌릅니다. 나는 나 자신이 죽어 가는 모습을 지켜보고 있습니다. 인스턴트 토마토 수프와 플라스틱 조화가 놓여 있는 이 외로운 호스피스 병실에서 우리는 함께 죽어 갑니다. 이것도 그것이며, 그녀는 내가 이제까지 본 것들 중 가장 아름다운 것입니다.

지금 나는 병원 침대에 누워 있습니다. 외과의사가 방금 내 항문 주변에서 살 한 덩이를 떼어냈습니다. 간호사는 벌어지고 부어오른 상처에 거즈를 밀어 넣고 있습니다. 마치 항문 속을 마구 휘젓는 칼에 계속 찔리는 듯한 느낌입니다. 나는 마취 주사를 더 놓아 달라고 부탁하지만, 그녀는 내가 이미 너무 많이 맞았다고 말합니다. 아픔이 우주에서 일어나고 있는 일의 전부입니다.

내 침대 옆에 있는 텔레비전에서 뮤직 비디오가 요란하게 방영됩니다. 그러자 갑자기 아픔은 사라지고, 브리트니 스피어스가 모든 공간을 채웁니다. 브리트니 스피어스가 일어나고 있는 일의 전부이고, 그녀의 노래 〈바람둥이(Womanizer)〉는 아픔을 지워 버립니다. 마치 아픔이 일어난 적도 없는 것 같습니다. 일어났더라도 10억 년 전에 일어난 것 같습니다. 일어났더라도 다른 사람에게 일어난 것 같습니다.

그 뒤 갑자기 찌르는 듯한 아픔이 다시 일어납니다. 이런 아픔이 가능할 줄은 몰랐습니다. 눈에 눈물이 고입니다. 거의 졸도할 뻔했습니다. 그때 브리트니의 노랫소리가 더 커집니다. "바람둥이, 바람둥이, 넌 바람둥이야, 오 바람둥이, 오 넌 바람둥이야, 베이비." 아픔은 브리트니의 춤 속으로 빨려 들어갑니다.

여기에는 아무런 일관성이 없습니다. 어떤 것도 한 순간에서 다음 순간으로 이어지지 않습니다. 오직 날것의 경험만 있습니다. 찌르는 듯한 통증, 브리트니, 찌르는 듯한 통증, 브리트니. 우주가 숨을 들이쉬고 내쉽니다.

8
경이로운 부재

추구가 사라지면 기적이 드러납니다. 기적은 삶 그 자
체이며, 삶 그 자체가 '이미' 언제나 기적이었습니다.
우리는 단지 그것을 보지 못했을 뿐입니다.

다 이루었다.

_요한복음 19장 30절

삶은 기이한 움직임입니다. 어느 때는 시끄럽고, 어느 때는 난폭하고, 어느 때는 사납습니다. 어느 때는 달콤하고, 어느 때는 부드럽고, 어느 때는 깃털처럼 가볍습니다. 어느 때는 세차게 노호하고, 어느 때는 낮은 소리로 속삭이지만, 그것은 항상 움직입니다. 그런데 그 움직임의 중심에는 기원도 없고, 기준점도 없고, 중심도 없으며, 진실을 말하자면, '핵심'은 전혀 없습니다. 그리고 진실은 결코 말해질 수 없습니다.

이와 같은 말들은 말해질 수 없는 진실을 말하려고 시도하지만, 말 자체가 그 무한한 움직임의, 그 표현할 수 없는 살아 있음의 또 다른 일부일 뿐입니다. 그 살아 있음은 모든 것에 활기를 불어넣고, 모든 것을 움직이며, 자기의 전체성 안에서 모든 것입니다. 삶은 하나의 움직임이며, 그것의 근원은 움직임입니다. 그것의 근원은 그 자신입니다.

삶은 중심이 없습니다. 삶에는 둘레가 없기 때문입니다. 삶은 끝나는 곳도 없고, 시작되는 곳도 없습니다. 삶은 단지 살아 있음의 자연발생적인 표현이며, 지금, 지금, 지금 일어나며, 자기의 흔적을 남기지 않으며, 어떤 것도 미래로 투사하지 않으며, 아무것도 감추고 있지 않으며, 자기를 통째로 완전히 내주면서 자기를 남김없이 표현합니다. 그것은 모든 것이지만, 어떤 것도 아닙니다.

삶—또는 우리가 '인생'이라 부르는 것—은 완전히 마음을 넘어서 있고, 마음과 달리 너무나 살아 있고, 마음과 달리 너무나 자유롭고, 마음과 달리 너무나 전체적입니다. 그 전체적이고 완전한 표현은 끊임없이 일어나며, 우리는 결코 그것과 분리될 수 없습니다. 삶은 스스로를 계속 투사해서 세상이라는 환영을 창조하여, 생시의 삶이라는 이 멋진 꿈을 우리에게 선사합니다. 그러나 물론 삶은 아무것도 하지 않습니다. 분리된 별개의 사건도, 사람도, 장소도 없으므로 다른 것과 분리된 별개의 일은 일어난 적이 없습니다. 태초부터, 그 이전부터, 오직 하나만 일어나고 있었고, 그것이 지금 일어나고 있습니다. 다른 일과 분리된 일은 일어난 적이 없습니다. 비록 (분리라는) 환상이 좋은 환상일지라도……. 우리가 '나'라고 부르는 그 환상이.

· · ·

나는 브라이튼 마리나 근처의 바닷가에 서 있습니다. 폭풍이 사납게 휘몰아칩니다. 강풍에 밀려 몸이 넘어질 뻔합니다. 파도가 세차게 방파제에 부딪칩니다. 울부짖는 바람 소리에 귀가 먹먹해집니다. 갈매기들은 강풍을 헤치고 나아가려 분투합니다.

그렇지만 바람은 나와 분리되어 있지 않습니다. 바다와 방파제, 갈매기는 나와 분리되어 있지 않습니다. 사실 나는 그런 말조차 할 수가 없습니다. 내가 말할 수 있는 것은 오로지 지금 삶이, 하나임이, 살아 있음이, 존재—또는 그것을 무엇이라 부르든—가 바다로, 방파제로, 바람으로, 갈매기들로, 그리고 세찬 바람 속에 서 있는 이 몸으로 나타난다는 것입니다. 그것은 모두 지금 나타나는 모습이며, 어느 누구를 위해 나타나는 것이 아닙니다. 그것은 오직 그 자신이기 위해 존재합니다. 다른 이유는 없습니다. 아무것도 그것과 떨어져 존재하지 않으며, 아무것도 알려질 수 없습니다. 이것은 '근원'이 지금 드러나는 방식입니다. 이것은 지금 상영되는 영화입니다. 이것은 꿈입니다. 이것은 전체이고 완전해서 다른 것이 필요하지 않습니다. 삶은 시작한 일을 이미 이루었습니다.

"나는 그것과 하나다, 나는 그것과 분리되어 있다, 나는 어떤 것이다, 나는 아무것도 아니다, 나는 그것을 안다, 그것은 누구도 알지 못한다." 모두가 단지 말일 뿐입니다. 삶은 더 많은 말이 필요하지 않습니다. 해변에 부딪쳐 부서지는 파도, 해안을 따라 솟아오르는 물거품, 갈매기들이 내지르는 날카로운 소리, 고막을 강타하여 귀를 먹먹하게 만드는 세찬 바람 소리, 그것들이 바로 삶의 말입니다. 삶은 이미 말하고 있습니다. 그러므로 삶은 자기를 위해 말해 줄 사람이 필요하지 않으며, 특히 나는 아닙니다. 삶은 이미 큰 소리로 말하고 있고 외치고 있습니다. 그 소리들이 내 귀를 먹먹하게 합니다. 그 소리들이 나를 소멸시킵니다.

여기 이 폭풍 속에서만이 아닙니다. 어디에서나, 언제나, 가장 고요한 순간들에도, 가장 시끄러운 순간들에도 삶은 이야기합니다. 조용한 순간들도, 시끄러운 순간들도 모두가 완벽한 표현입니다. 그것은 모두 '하나의 맛'이며, 모두가 그래야 하는 대로 살아가는 삶 그 자체의 맛입니다. '제프'는 지나간 과거의 유물에 불과합니다. '제프'는 화석입니다. 누가 과거를 필요로 합니까? 그것은 어디로 갔습니까? 누가 미래를 필요로 합니까? 미래는 결코 도착하지 않습니다. 어떤 것도 이것의 경이로움을 건드릴 수가 없습니다. 이 순간의 경이로움을, 지금 표현되는 삶의 경이로움을.

갓 태어난 아기들처럼, 우리는 언제나 난생처음 그것을 봅니다. 난생처음 바다가 노호합니다. 난생처음 갈매기가 끼룩끼룩 웁니다. 나는 따뜻하고 아늑한 방으로 돌아와서, 난생처음 차를 마십니다.

이것은 방어할 필요가 전혀 없습니다. 증명할 필요도, 시비할 필요도 없습니다. 그것이 그 자신의 방어수단이고, 그것이 그 자신의 증거입니다. '있음'과 시비할 수 있는 사람은 아무도 없습니다. 그런데도 사람들은 마치 시비할 수 있는 것처럼 있음과 시비를 합니다. 인생이 불행한 것은 그 때문입니다.

그러나 그 시비가 끝나면, '지금 있는 것'은 언제나 충분합니다. 오히려 그 이상입니다.

· · ·

삶은 선물이며, 삶은 스스로를 선물로 제공합니다. 지금, 지금, 지금. 삶은 지금 보이는 모습들, 소리들, 냄새들, 느낌들을 제공하면서도 당신에게 아무것도 요구하지 않습니다. 그런데도 우리는 더 많은 것을 원하면서 삶을 허비합니다. 그것이 우리의 불행입니다. 그런 욕망이 없으면, 언제나 그랬듯이 오로지 '이것'만 있습니다. 오로지 지금 스스로를 제공하는 것만 있습니다. 오로지 지금 '근원'에서 나오는 것만 있고, 오로지 '알지 못함'에서 나타나는 것만 있습니다. 당신은 오로지 그것만 얻을 뿐, 그 이상은 얻지 못합니다.

바로 거기에서 모든 것이 풀려납니다. 평생 짊어지고 있던 무거운 짐이 눈 깜짝할 사이에 사라집니다. 고통 받고 고통 받으며 고통에서 벗어나는 길을 찾던 이 '제프'라는 등장인물, 그는 지금 어디에 있나요? 그는 여기에 없습니다. 그렇다면 누가 지금 이 글을 쓰고 있는 걸까요? "제프가 쓰고 있는 거 아닌가요?" 하고 당신은 물으실지 모릅니다. 단지 그 질문만 있을 뿐입니다. 그 질문에 대한 답은 일어나지 않습니다. 그래서 그 질문은 사라지며 '근원' 속으로 자취를 감춥니다.

이 해탈은 당신과 아무런 상관이 없습니다. 만약 '당신'이 해탈에 이를 수 있다고 생각한다면, 당신은 남은 생애 동안 자기 꼬리를 쫓고 있을 것입니다. 당신은 해탈에 이를 수도 없고, 깨어날 수도 없습니다. 왜냐하면 '이것'은 이미 충분히 깨어 있기 때문입니다. 이미 온전하고 이미 완전합니다. 추구가 일말의 타당성을 갖는 것처럼 보이는 것은 오직 분리되어 있다는 꿈속에서만입니다. 추구가 사라지면 기적이 드러납니다. 기적은 삶 그 자체이며, 삶 그 자체가 '이미' 언제나 기적이었습니다. 우리는 단지 그것을 보지 못했을 뿐입니다. 왜냐하면 우리는 어떤 사람이 되려고 노력하느라, 어떤 무엇이 되려고 노력하느라, 좋은 사람이 되려고 노력하느라, 이해하려고 노력하느라, 성공하려고 노력하느라, 심지어 노력하지 않으려고 노력하느라 너무나 바빴기 때문입니다.

이 기적을 분명히 보게 되면, 그 모든 것은 쓸모없는 일이 됩니다. 오직 '이것'만 있음을 보게 되면, 충격적일 만큼 간단하게 분리의 꿈에서 깨어나 충격적인 진실을 보게 되면, 죽음이 있게 되며, 예수가 말했듯이, 그 죽음이 유일한 구원입니다. 당신의 목숨을 구하려면 목숨을 잃어야만 합니다. 그래서 아무도 없는데, 그럴 때는 텅 빈 공(空)이, 아무 특색도 기쁨도 없고 외롭기만 한 암흑의 공간이 있는 것이 아닙니다. 아니, 그렇지 않습니다. 그 공

(空)은 '충만'하며 삶으로 가득합니다. 노호하는 바다로, 끼룩거리는 갈매기들로, 얼굴을 때리는 바람으로, 김이 모락모락 피어오르는 머그잔으로, 그리고…… 삶으로, 젠장, 삶으로! 텅 비어 있음은 충만함이며, 공(空)은 충만하게 살아 있고, 무(無)는 장엄하고 아름다운 삶입니다. 그리고 그것은 이른바 '개인'이 결코, 결코 발견할 수 없는 자유입니다.

그리고 그 안에서 세상의 모든 관념은 힘을 잃고 사라집니다. 모든 관념은 있는 그대로, 즉 말들로, 단지 말들에 불과한 것으로 보입니다. 그리고 그런 말들이 닿지 못하는, 부딪치는 파도에서 일어나는 물거품이 세상 그 무엇보다 나를 더 매료시키며, 저 갈매기들은 내 자녀들만큼이나 소중하고, 바람은 나를 어루만지는 삶이며, 여기에는 말이 결코 건드릴 수 없는 덧없는 아름다움이 있습니다. 그것은 삶과 나누는 말없는, 달콤쌉쌀한, 다정한 연애입니다. 보이기 위해, 그저 보이기 위해 지금 아낌없이 주어지는 삶과 나누는.

이 해탈, 이 사랑, 이 부드러움, 이 천진함은 결코 말로 표현할 수 없고, 결코 소통될 수 없으며, 결코 파악될 수 없으며, 그럼에도 그것이 존재하는 모든 것입니다. 모든 곳에서 영원히 나타나는, 언제나 모든 것인, 언제나 아무것도 거부하지 않는, 모든 순간에 당신―또는 당신이 자기 자신이라 여기는 것―을 항상 껴안는 그것이.

삶 자체가 유일한 기적입니다. 다른 것은 없습니다. 경이로운 부재가 바로 완벽한 현존이며, 아무것도 아닌 것이 모든 것이며, 그 안에서 모든 것이 해소됩니다.

모든 교리를 갈기갈기 찢고
선(禪)의 가르침을 던져 버린 지
팔십일 년.
하늘은 이제 부서져 무너지고
땅은 쪼개져 열리니,
불꽃 한가운데
숨겨진 샘이 있네.

_의운(義雲)

경이로운 부재

초판 1쇄 발행일 2016년 12월 18일
    4쇄 발행일 2024년 2월 26일

지은이 제프 포스터
옮긴이 심성일

펴낸이 김윤
펴낸곳 침묵의 향기
출판등록 2000년 8월 30일, 제1-2836호
주소 10401 경기도 고양시 일산동구 무궁화로 8-28,
    삼성메르헨하우스 913호
전화 031) 905-9425
팩스 031) 629-5429
전자우편 chimmukbooks@naver.com
블로그 http://blog.naver.com/chimmukbooks

ISBN 978-89-89590-63-7 03220

* 책값은 뒤표지에 있습니다.